Zukunft ohne Vergessen

Ein jüdisches Leben in Deutschland

Michel Friedman

Zukunft ohne Vergessen
Ein jüdisches Leben in Deutschland

Gespräch mit Ernst Dieter Lueg

Kiepenheuer & Witsch

1. Auflage 1995

© 1995 by Kiepenheuer & Witsch, Köln
Alle Rechte vorbehalten. Kein Teil des Werkes darf in
irgendeiner Form (durch Fotografie, Mikrofilm oder ein anderes
Verfahren) ohne schriftliche Genehmigung des Verlages
reproduziert oder unter Verwendung elektronischer Systeme
verarbeitet, vervielfältigt oder verbreitet werden.
Redaktion Andreas Graf, Köln
Umschlaggestaltung Kalle Giese, Overath
Umschlagfoto Kurt Steinhausen, Köln
Satz Jung Satzcentrum GmbH, Lahnau
Druck und Bindearbeiten Mohndruck, Gütersloh
ISBN 3-462-02437-X

Inhalt

Vorwort 10

I   Kindheit und Jugend,
      Erinnerung und Zukunft 15
II   Jüdisches Leben in Deutschland 45
III   Weg in die Politik 64
IV   Deutsche Vereinigung
      und europäische Einheit 79
V   Gesellschaft und Politik in Deutschland 102
VI   Das Parteiengefüge und die CDU 121
VII   »1995« und die Zukunft 143

Wer einen Menschen rettet,
rettet eine ganze Welt

Talmud

Die Würde des Menschen ist unantastbar

Grundgesetz

Meinen Eltern in Liebe und Dankbarkeit gewidmet.
M. F.

Vorwort

Er hielt sich nicht lange mit Höflichkeiten auf. »Machst *du* das Buch mit mir?«, fragte er und schaute mich herausfordernd an.

Wir kannten uns schon etwas länger und hatten Frequenzen zwischen uns entdeckt, die übereinstimmten. Mit seinem Angebot hat er mich gereizt. Ich war neugierig, und zwei Tage später sagte ich zu.

Ich hatte Michel Friedman ausgiebig im Fernsehen, dem mir vertrauten Medium, beobachtet. Die Professionalität, mit der er argumentierte und sich dabei exzellent präsentierte, machte mir Riesenspaß. Privat war er außergewöhnlich charmant, kess und sympathisch. Auf der Plattform, die ihm die Medien boten, bewegte er sich mit atemberaubender Perfektion und einem verblüffenden Selbstbewußtsein. Aber steckte mehr dahinter? Dieser Mann, der aussah wie einem Lifestyle-Journal entsprungen, besaß etwas, das sich für mich nicht auf Anhieb zusammenreimte: Breite Bildung, moderne Lebensart, hohe Nachdenklichkeit, Eleganz, politischen Verstand. War das alles nur eine gelungene Mélange, Theater auf hohem Niveau?

Ich wollte herausfinden, ob Michel vielleicht nur ein Prototyp jener Bilderbuch-Jeunesse war, die, verwöhnt von Erfolg und Reputation, ihr Leben nach einem typischen Drehbuch vollzieht. Ich wollte wissen, ob er Entwürfe über die unsäglichen Lebensabschnittskonzepte hinaus besaß oder sogar Visionen für sein Land. Wenn wir uns trafen, redeten wir über Kohl, Peter Maffay, Energiepolitik, Geissler, Frankfurt oder Bosnien. Ich wollte aber sehr viel mehr von ihm erfahren. Seine Antworten sollten mich irritieren.

Da hatte sich ein junger Deutscher und Jude auf den Weg gemacht, um sich mit Mut und Elan gegen die geistige Trägheit und Resignation in seinem Land zu stemmen. Würden wir beide im Gespräch von demselben Land reden? Meinten wir beide dieselbe Bequemlichkeit und Unbeweglichkeit? Würden wir Gefahr laufen, aneinander vorbei zu reden, wenngleich in netter Form? Würde das Spannungsfeld, in dem wir uns, verschieden in Generation und Biographie, begegnen sollten, zu neuen Etappen führen?

und auch nicht auf dem Reißbrett. Die Suche nach Mehrheiten kann haarsträubend sein und bleibt doch ohne Alternative.

Es sind solche Einsichten, die Friedman umtreiben – 5 Jahrzehnte nach dem Holocaust. Er möchte politische Strategien für ein sich veränderndes Deutschland, wo man immer noch Politik mit ausgelaufenen Modellen und nach abgestandenen Rastern betreibt.

Ein junger Jude in Deutschland will sich mit Herz und Verstand nicht von politischer Borniertheit und Robustheit überrumpeln lassen. Die seelenlose Routiniertheit stößt ihn ab. Ohne Einkehr ist Aufbruch für ihn undenkbar. Er befürchtet, daß die Politik zu hohler Betriebsamkeit verkümmert.

Aktionismus in der Politik ist scheußlich und meist eine unwirksame Form. Das haben viele Politiker noch nicht begriffen. Die Versuche, Taten nur anzukündigen und es dann dabei zu belassen, sind leider unausrottbar. Routine hingegen ist kein Charakterfehler von Politikern. Sie darf wirksam werden, wenn die Politik in lächerlichen Details zu ersticken droht.

Die Nachdenklichkeit verkommt. Hier könnten Friedman und die Seinen gute Dienste leisten. Sie sollten freilich nicht über den mangelnden Tiefgang, über den unzureichenden Ernst nur lästern und sich mokieren. Sie sollten die ritualisierten Abläufe enttarnen und das politische Theater mit überraschenden Einfällen malträtieren. Intellektuelle Gags sind allerdings verzichtbar. Ich wünsche mir von der nachrückenden Politgeneration weniger Windschnittigkeit und mehr Durchhaltevermögen, das einmal für überzeugend Erachtete mutig weiter zu vertreten.

Bonner Konfektionsgrößen belasten Friedman mehr als daß sie ihn belustigen. Er weiß, daß, wer im CDU-Bundesvorstand sitzt, dort nicht unbedingt im Zentrum der Macht ist. Aber: er kann – wo der Vorsitzende Kohl heißt! – Meinungen loswerden und von den Innenansichten profitieren.

Friedman verwendet Mühe darauf, daß sein kaum zu bremsendes Temperament nicht mit ihm durchgeht. Seine demonstrativ zur Beachtung ausgewiesene Unabhängigkeit macht es ihm möglich, nicht von der phantasielosen Geschäftsmäßigkeit deutscher Politik erdrückt zu werden. Friedman ist ein bunter Vogel und es ist schade, daß es davon so wenige gibt!

Er möchte nicht in der vordergründigen Tagespolitik ersticken.

Seine Entwürfe beschreiben Rahmenbedingungen, die den Aufbruch leichter machen könnten. Wird er seine Ideen mit der CDU, mit Helmut Kohl und dessen Gefolge verwirklichen können? Friedman sucht – obwohl er das nicht sagt – Bundesgenossen; seine Generation soll mithelfen, indem sie ihre Gleichgültigkeit abwirft. Michel Friedman träumt von einer zutiefst humanen Weltordnung. Diesem coolen Rechtsanwalt aus Frankfurt schweben neue Horizonte vor, die diesem Land, in dem er lebt und sich wohlfühlt, eine andere, neue Rolle bringen könnten. Die Deutschen als Friedensstifter weltweit – wer wollte Friedman nicht folgen!

Der Friedensnobelpreis für Willy Brandt 1971 – das war für mich ein ganz wichtiges Signal. Die Entspannungspolitik, der Moskauer und der Warschauer Vertrag, der Grundlagenvertrag mit der DDR – das bedeutete für meine Generation die Abkehr von den simplen Formeln des Kalten Krieges, von der entmutigenden Schwarzweiß-Malerei. Zuvor war es so bequem gewesen, nun gab es plötzlich und unerwartet auch Risiken in der deutschen Politik.

Die Träume meiner Generation – den Frieden sicherer zu machen, die lebensgefährliche Spannung zwischen den Blöcken abzubauen, in der DDR den Menschen Erleichterungen zu schaffen – fanden sich in Brandts neuem, originären Entwurf von Normalisierungspolitik. Für Michel ist das alles längst Geschichte. Daß Kohl und Genscher diese Politik nach der Wende 1982 nahtlos und konsequent fortsetzten, hat ihn nicht überrascht. Er hält Kontinuität in der Politik für selbstverständlich.

Deutschlands Vereinigung, die friedliche Revolution ist ein schicksalhafter Fingerzeig. In meinem Verständnis haben sich die Deutschen damit verpflichtet, verantwortliche Friedenspolitik zu betreiben und dabei nicht in Großmannsgehabe zu verfallen. Endlich hätten die Deutschen einen internationalen, sie weltweit mit hohem Respekt ausstaffierenden Part gefunden – und Michel wäre einer ihrer Parade-Bürger. Genau darum hat Friedman mit seiner Utopie eine Chance verdient.

Ernst Dieter Lueg

I

Kindheit und Jugend, Erinnerung und Zukunft

Lueg: Dieses Buch heißt »Zukunft ohne Vergessen«. Könnte die Erinnerung eine Schubwirkung für die notwendigen Veränderungen in diesem Land haben, insbesondere für deine Generation?

Friedman: Für uns junge Leute muß das Erinnern Anreiz sein, unser Leben auf den Grundlagen eines den Menschen verpflichtenden Rechtsstaates zu gestalten. Für mich war immer die entscheidende Frage: Wann beginnt die Ermordung von Menschen? Wenn man in den 60er und 70er Jahren mit Deutschen gesprochen hat, die im Krieg waren, dann haben fast alle gesagt: Auschwitz, nein, das wollten wir nicht. Aber begann die Ermordung von Menschen erst in Auschwitz, als sie mit Zyklon B vergast und anschließend verbrannt wurden? Oder begann die Ermordung von Menschen, als die Deutsche Reichsbahn sie mit ganz normalen Reichsbahnzugbegleitern an die Rampe gebracht hat? Oder begann die Ermordung von Menschen, als die Wannsee-Konferenz dies bürokratisch-formal beschlossen hat? Oder begann die Ermordung von Menschen am 9. November 1938, als Millionen zugesehen haben, wie man Gotteshäuser anzündet, Menschen schlägt, Geschäfte beraubt, unter den Augen aller in kleinen Dörfern und in Städten, in Berlin, in Frankfurt, in Hamburg? Oder begann die Ermordung von Menschen, als die Nürnberger Rassengesetze beschlossen wurden, Gesetze für alle Richter, alle Staatsanwälte, alle Anwälte, die sämtlich wußten, daß nun Eheleute allein aufgrund ihrer Religionszugehörigkeit geschieden werden sollten, ihr Vermögen verloren, ganze Geschäftswelten zusammenbrachen? Oder begann die Ermordung von Menschen, als man sah, daß Menschen plötzlich einen Judenstern tragen mußten und gebrandmarkt waren? Oder begann die Ermordung von Menschen, als Lehrer, Schüler, Ärzte und Anwälte im Alltag nicht mehr Nachbarn sein durften? Oder begann die Ermordung von Menschen 1933, als Hitler ohne Diktatur und ohne Staatsputsch demokratisch gewählt wurde, obwohl sein Buch »Mein Kampf« allzuvielen bekannt war?

15

Oder begann die Ermordung von Menschen, als kurz nach der Wahl Hitlers der Boykott jüdischer Geschäfte beschlossen und umgesetzt wurde? Wann also begann die Ermordung von Menschen?

Diese Frage, aus der Vergangenheit immer wieder in die Gegenwart übertragen, führt dazu, daß ich mich zu jeder Zeit frage: Wann beginnt die Ermordung von Menschen heute? Beginnt die Ermordung von Menschen, wenn in Mölln und Solingen Häuser angesteckt werden und Menschen darin verbrennen? Oder beginnt die Ermordung von Menschen, wenn in der Politik, und nicht nur dort, fahrlässig oder sogar vorsätzlich Sprachstile und Argumentationen verwendet werden, die man nur als unverantwortlich empfinden kann? Oder beginnt die Ermordung von Menschen, wenn seit über 35 Jahren die Nationalzeitung, die Rassismus und Antisemitismus predigt, an jedem Kiosk in Deutschland erhältlich ist und gekauft wird? Oder beginnt die Ermordung von Menschen, wenn Republikaner, NPD oder DVP frei und freiwillig von Bürgern Deutschlands gewählt werden, obwohl ihnen deren Menschenfeindlichkeit bekannt ist? Oder beginnt die Ermordung von Menschen, wenn in Schulen, in Betrieben oder anderswo menschenfeindliche Witze ohne Widerspruch erzählt werden? Oder beginnt die Ermordung von Menschen ganz alltäglich zu Hause beim Frühstück, wenn der Vater oder die Mutter im Gespräch eine stereotype ausländerfeindliche Bemerkung fallen lassen und das Kind zuhört? Wann also beginnt die Ermordung von Menschen? Ich sage: Sie beginnt immer wieder neu, seit Jahrhunderten, seit Jahrtausenden, auch heute. Dies zu verhindern, nicht am Endpunkt, sondern immer wieder am jeweiligen Anfangspunkt – und das ist der Punkt, wenn irgendwo auf dieser Welt irgendein Mensch verbal oder sogar körperlich einen Menschen zu ermorden beginnt, nur weil er Ausländer ist, eine andere Religion hat oder sonstwie anders ist – dies zu verhindern, das treibt mich um.

In den Schulen oder Universitäten gab es nach Ende des Zweiten Weltkriegs keinen Disput über das Schreckliche, was geschehen war. Wurden die Deutschen damals nicht zu einer phlegmatischen Anschauung der Ereignisse zwischen 1933 und 1945 geradezu erzogen?

Es gab einige große Globkes und viele, viele kleine. Können wir uns vorstellen, was es für die Opfer bedeutete, nicht nur die jüdischen, jene Polizisten wiederzusehen, die sie damals abgeholt haben? Können wir uns vorstellen, was es für ein Opfer bedeutete, beim Einwohnermeldeamt denjenigen wiederzutreffen, der ihm in den 30er Jahren deutlich gemacht hat, man müsse sich, weil man Jude ist, dieser oder jener Vorschrift beugen, und der ihm dann im demokratischen Deutschland ebenfalls erklärt, welchen Vorschriften man sich erneut zu beugen hat? Kann man sich vorstellen, was es für die Opfer bedeutet hat, umgeben zu sein von vielen gesichtslosen Menschen, die zwar zwischen 1933 und 1945 Gesichter des Handelns und des Wegschauens hatten, jetzt aber mit manikürten Fingernägeln und gelifteten Anständigkeiten durch die neue Bundesrepublik Deutschland gegangen sind? Man kann sich wahrscheinlich auch nicht vorstellen, was es für unschuldige nichtjüdische Deutsche bedeutet haben muß, dies ertragen zu müssen. Oskar Schindler zum Beispiel hat mir immer wieder gesagt, er ersticke fast an dieser Verlogenheit. Aber die Bundesrepublik ist nicht nur regiert, geprägt und verwaltet worden von solchen Tätern und Unterlassungstätern, sondern eben auch von Deutschen, die nicht im Naziregime verstrickt waren. Ob das Konrad Adenauer oder Willy Brandt und Herbert Wehner waren, Franz-Josef Strauß oder Annemarie Renger. Kann man sich vorstellen, was es für die Kinder solcher Eltern bedeutet haben muß, mit dieser Schizophrenie, dieser Heuchelei umzugehen? Ein ganz wesentliches Merkmal menschlichen Lebens, Vertrauen, konnte nur zögerlich entstehen. Wir leiden heute noch daran. Aber hätte man ein ganzes Volk an einen Lügendetektor anschließen können, ohne Angst davor haben zu müssen, was dieser Lügendetektor uns als Ergebnis liefert? Die Folge wäre gewesen, daß man allen diesen Menschen auch ihre Zukunft, ihre Hoffnung, ihre Möglichkeit zu lernen genommen hätte. Ich rede nicht von den Verbrechern, den Mördern, den geistigen Urhebern, die hätte man unbedingt aburteilen und bestrafen müssen. Aber heute, am Ende des Jahrtausends, leben von diesen Heuchlern und unentdeckten Verbrechern nur noch ganz wenige. Das ist endlich die große Chance für die dritte Generation, sich einer Zukunft zu stellen, ohne Angst vor der Vergangenheit haben zu müssen, weil es jetzt nicht mehr ihre unmittelbaren Eltern sind, sondern ihre Großeltern, auf die sich ihre kritischen Fragen nach ihrer individuellen Geschichte beziehen. Es ist zugleich aber auch die letzte Chance der Überlebenden, aus dieser Zeit etwas positiv umzusetzen, indem sie mit jungen Menschen reden. Das ist das einzige, was diese alten Menschen noch tun können, was sie tun sollen und müssen, weil sie es der jungen Generation schuldig sind.

Ist es nicht eigentlich bitter, daß sich dies alles in den kommenden Jahren biologisch lösen wird und daß erst dann, wie du sagst, eine größere Chance besteht, zu lernen? Ist dieses Lernen reflektiert, oder wird nur ein Pensum absolviert, um in Gesprächen mithalten zu können?

Es gab viele, die es als bloße Pflicht und ohne Seele getan haben. Es gab aber auch viele, die wußten, daß sie ihre Seele nur wiedererlangen können, wenn sie an sich arbeiten und Erinnerungsarbeit leisten. Das gilt für den einfachen Mann auf der Straße wie für den Entscheidungsträger im Land. Es gab in den Schulen zu wenig Lehrer und Lehrerinnen, die es in den 50er und 60er Jahren als ihre wichtigste Aufgabe empfunden hätten, jungen Menschen zu vermitteln, wie sie persönlich verstrickt waren und warum es passieren konnte, daß man sich verstrickte und verstricken ließ. Denn das ist letztlich die ganz entscheidende Lehre, die uns die Zukunft erleichtern könnte: zu erkennen, daß der Nationalsozialismus, die Nazis, das Dritte Reich, nicht aus dem Nichts gekommen sind. Zu erkennen, daß die Nazibarbarei eine sich immer weiter aufbauende Enthemmung der Gesamtgesellschaft war und daß diejenigen, die Gewalt, Unmenschlichkeit, Krieg und Rassismus wollten, immer wenigstens darauf angewiesen waren, daß die Mehrheit der Gesellschaft sie nicht daran hinderte. Und daß Nichthindern und Unterlassen, ab einem ganz bestimmten Zeitpunkt, zu Handeln wird. Zu begreifen, daß es gesellschaftspolitische, individuelle und kollektive Entscheidungen sind, die eine Gesellschaft entmenschlichen. Dies immer wieder in Erinnerung zu rufen, ist nicht nur Pflicht, sondern existentielle Lebensvoraussetzung für junge Menschen. Wir werden einen konstruktiven Anfang dann erreicht haben, wenn wir die Erinnerung nicht als ein Müssen, sondern als ein Wollen erleben.

Ist das neu erwachte Interesse an Israel auch ein Versuch, sich Klarheit zu verschaffen über das, was Juden in einem Staat gemeinsam tun können, mit Phantasie, Kreativität und Kraft? Und woran liegt es eigentlich, daß ein großer Teil der deutschen Besucher seine Tage in Israel befangen, gelegentlich sogar artikulationsunfähig verbringt?

Ich halte es für kaum hilfreich, Motivforschung darüber zu betreiben, warum man nach Israel fährt. Viel wichtiger ist: Wie kommen die Menschen zurück? Ich glaube, daß nach der Begegnung mit Israel viele Deutsche mit einem veränderten Verhältnis zu sich selbst und zum Judentum wiederkommen. Viele haben mir gesagt, sie seien erstaunt gewesen, daß sie, nachdem man wußte, daß sie Deutsche waren, so freundlich behandelt wurden. Viele haben mir gesagt, sie seien beeindruckt gewesen von der Offenheit der Israelis ihnen gegenüber. Viele haben mir gesagt, wie sympathisch die Begegnungen auf menschlicher Ebene gewesen sind. Dies sind wichtige Impulse. So paradox es klingt, die »entkrampfte« Haltung der Opfer und ihrer Nachkommen hilft jungen Deutschen, selbst in einen Zustand zu gelangen, der es ihnen erst ermöglicht, sich der eigenen Geschichte zu stellen.

Ist dieser Staat Israel für die Deutschen Anschauungsunterricht, wie man mit Vergangenheit umgehen kann, um für die Zukunft zu sorgen?

Das Erinnern ist eine der elementaren Grundlagen der jüdischen Religion und Ethik. Es ist Tradition im Judentum, Geschichte als etwas Wichtiges zu definieren, persönlich wie kollektiv. Das hat wohl auch damit zu tun, daß das Judentum in der Erinnerung immer wieder auch zu überleben lernte und Fragen stellte: Wo sind Fehler gemacht worden? Was waren Fehleinschätzungen? Was kann anders oder besser gemacht werden? Erinnerung ist immer als Chance gewertet worden, die Dinge, die zwischen Menschen passiert sind, nachzuerleben, auch emotional, nicht nur intellektuell. Der Staat Israel ist das Land, in dem die Menschheitsgeschichte sich wie in kaum einem anderen geographischen Gebiet widerspiegelt. Die Begegnung mit diesem Land ist ohne Lust auf Geschichte beinahe nicht möglich. Ob das die drei monotheistischen Weltreligionen sind, Christentum, Islam und Judentum, oder die Menschheitsgeschichte in den letzten Jahrtausenden. Das ist extrem faszinierend, und die Menschen, die auf diesem Boden leben, haben eine ungeheure Verantwortung, dies zu bewahren und daraus ein Modell für die Zukunft zu entwickeln. Wer in Jerusalem war, spürt in dieser ewigen Stadt die Anspannung, aber auch die Kreativität, und der spürt auch, was Zeit bedeutet, wie relativ das individuelle Leben sich zur allgemeinen Zeit des Universums verhält. Und er lernt, daß das nicht zu Passivität und Fatalismus führen darf, sondern umgekehrt zu dem Ansporn: Nutze deine Zeit, wiederhole nicht unnötig Fehler, sondern nimm an, was wir dir als Leben anbieten können, lerne aus der Vergangenheit. Vielleicht wirst du neue Fehler machen, aber versuche, soweit du kannst, alte zu vermeiden. Für mich ist jede Reise nach Israel eine immer wieder neue, faszinierende Erfahrung.

Können die jüdisch-nichtjüdischen Beziehungen irgendwann einmal völlig normal werden? Läßt sich eine Generation Deutscher und Israelis denken, die den Umgang miteinander als selbstverständlich erachtet und gemeinsam Lust am Leben und auch an der Zukunft hat?

Die Frage ist: Wollen wir das überhaupt? Hilft es uns weiter, wenn wir »Normalität« anstreben? Was verbirgt sich hinter dem Wort Normalität? Was steckt hinter dem Wunsch derjenigen, die das Wort benutzen, das so verführerisch klingt, wenn sie es propagieren? Kann es vor diesem gemeinsamen geschichtlichen Hintergrund überhaupt Normalität geben? Ich sage: nein. Was die Menschen in hundert oder zweihundert Jahren sagen werden, kann ich heute nicht antizipieren. Ich wünsche mir aber statt Normalität Alltag, Lust am Miteinander, heute, morgen, übermorgen. Alltag zwischen Juden und nichtjüdischen Deutschen kann und wird es aber nur geben, wenn beide wissen, daß sie Freundschaft und Zukunft eben auf *dem* Fundament gestalten, daß es keine Normalität geben darf. Wenn sie die Hypothek, die sie tragen – nicht weil sie persönlich schuldig sind, sondern weil sie persönliche Verantwortung übernommen haben –, annehmen. Also: Ja zu menschlichen Beziehungen, zu Kommunikation, zum Dialog, zum Alltag, zu persönlichen, individuellen Freundschaften sowie staatlichen Beziehungen – unter der Prämisse, daß dieser Alltag nicht mit einer Scheinnormalität bezahlt wird, sondern auf der Grundlage der Annahme geschichtlicher Verantwortung steht. Das gleiche gilt für die Beziehungen zwischen Deutschland und Israel.

Es gibt Jubiläen, wie den fünfzigsten Jahrestag des Kriegsendes, die den Deutschen unter die Haut gehen müßten. Ist Michel Friedman, ein Deutscher in diesem Land, ein Prediger gegen das Talent der Deutschen, alles Belastende zu verdrängen?

Ich bin der tiefen Überzeugung, daß Gutes, Konstruktives und Humanes auf der Grundlage von Verdrängen und Vergessen nicht entstehen kann. Keine Gesellschaft kann Zukunft entwickeln, wenn sie die eigene Vergangenheit vergißt. Die Erwachsenengeneration stiehlt ihren Kindern die Zukunft, wenn sie ihre Erinnerungen verschweigt. Deutschland und die Welt werden das Phänomen des Holocaust nicht verdrängen können, weil es eine Realität war. Es gibt nur wenige Ereignisse der Menschheitsgeschichte, die unverrückbar prägend sind. Der Holocaust ist auf allen Ebenen des Denkens und Fühlens eine Wahrheit, die, seit es sie gibt, die Dimension des Unmenschlichen in eine Qualität geführt hat, an der wir, wenn wir sie verdrängen wollen, verzweifeln müssen. Nur wenn wir versuchen, uns dieser Realität zu stellen, können wir Kraft schöpfen, es künftig anders zu machen.

Empfindet sich Michel Friedman in Deutschland als ein wandelndes Mahnmal?

Da ich lebe, kann ich kein Mahnmal sein. Das ist mir zu sehr rückwärts gerichtet. Ich empfinde mich als einen lebendigen Beweis dafür, daß Leben lebenswert ist und daß es Hoffnung gibt. Für mich persönlich bedeutet dies, daß ich nicht vergessen kann und will, was passierte, aber mit den jungen Menschen, die keine Schuld, aber Verantwortung für die Zukunft tragen, eine bessere Gegenwart gestalten will.

Viele gerade junge Deutsche haben das Gefühl, ihnen wird noch immer nicht zugetraut, geborene Demokraten zu sein.

Gibt es einen deutlicheren Beweis für Vertrauen und Hoffnung in die Jugend als die Tatsache, daß jüdische Menschen sehr früh nach der Befreiung aus den KZs wieder nach Deutschland gekommen sind? Zwar wenige, aber dennoch. Gibt es einen lebendigeren Beweis für den Wunsch nach Miteinander statt Haß als die Tatsache, daß diese jüdischen Menschen hier Kinder und mittlerweile Enkelkinder in die Welt gesetzt haben, das Wertvollste, was ein Mensch hat? Daß jüdische Gemeinschaften in Deutschland wachsen und neue Gemeinden gegründet werden, daß seit Jahrzehnten tausende jüdische und nichtjüdische Deutsche gemeinsam daran arbeiten, daß die Vergangenheit nicht verdrängt wird, vor allem aber die Gegenwart in gegenseitigem Respekt gestaltet wird? Kann es einen lebendigeren Beweis für Versuche des Verstehens geben als die Tatsache, daß jährlich mittlerweile über 180 000 nichtjüdische Deutsche nach Israel fliegen und umgekehrt Israelis nach Deutschland kommen? Aber dieses alles bleibt weiterhin nur möglich, wenn sich Deutschland auf eine Zukunft ohne Vergessen einläßt. Michel Friedman und andere könnten schweigen, wenn das nichtjüdische Deutschland diesen Anspruch, nie vergessen zu wollen, umsetzen und leben würde. Wenn die nichtjüdischen Deutschen aber vergessen, dann müssen wir erinnern.

Du bist in Frankreich geboren, hast einen Teil deiner Kindheit in Paris erlebt und bist später mit den Eltern nach Deutschland gekommen. Was sind deine wichtigsten Erinnerungen an die Jahre in Frankreich?

Wunderbare Gerüche und die Lust, schon als Kind die Schönheiten dieser Stadt zu genießen. Die Ästhetik und Kultur dieser wunderbaren Stadt bleiben für mich einzigartig.

Wo habt ihr gewohnt?

In der Nähe der Oper, zwischen Madeleine und Concorde. Das Café de la Paix war 500 Meter von unserem Haus entfernt. Ich erinnere mich, daß ich es als kleiner Junge liebte, wenn meine Eltern mich in das Café de la Paix mitnahmen. Die französischen Cafés sind verglast, die Terrassen im Sommer geöffnet. Ich erinnere mich, daß ich stundenlang dort gesessen bin und einfach fasziniert war, diese hunderte und tausende Menschen anzuschauen, Europäer, Afrikaner, Asiaten.

Wie habt ihr euch unterhalten, deine Eltern und du, deutsch oder französisch?

Jiddisch, Polnisch, Französisch.

Kein deutsches Wort in Frankreich?

Nein. Die einzige in unserer Familie, die fließend und perfekt Deutsch sprach, war meine Großmutter selig, die auch schon vor dem Krieg deutsche Literatur gelesen hat, eben alles, was das jüdische Großbürgertum in Osteuropa mochte. Meine Mutter und mein Vater haben ernsthaft erst durch die Nazis die deutsche Sprache kennenlernen müssen. Meine Mutter hatte, wie viele in Polen, eine weitaus stärkere Berührung mit der französischen Kultur. Mein Vater sprach überhaupt kein Deutsch.

Hast du erst in der Schule in Paris Französisch gelernt?

Nein, Französisch ist meine Muttersprache. Ich bin in Paris geboren und dort aufgewachsen. Ich habe dann die französische Volksschule besucht, auch noch in Frankfurt. Deutsch habe ich erst auf dem Gymnasium gelernt.

Wie haben die Jahre in Paris und Frankreich dich geprägt? Bist du ein halber Franzose geblieben?

Ich bin kein Franzose geblieben, ein Pariser aber bis heute. Ich finde, Paris ist die aufregendste, dynamischste und lebendigste Stadt Europas. Sie ist einerseits wunderschön, teils aber auch furchtbar häßlich. Eine Stadt der Widersprüche: die pompösen Boulevards, die teils elenden Nebenstraßen, die gepflegte Tradition

23

der Architektur und gleichzeitig die ungeheuren Neubauviertel, die Besucherschar aus der ganzen Welt – und das klassische Bistro mit seinem Gauloises-Raucher, dem Bourgeois par excellence, der, wenn er sich in seiner Bourgeoisie langweilt, den Revolutionär spielt, und damit aufhört, sobald er seine Bourgeoisie gefährdet sieht. Paris ist für mich gleichzeitig auch der Ort von Jean-Paul Sartre und Simone de Beauvoir, die für mich prägend waren. Paris ist eine Stadt, die mich sehr bewegt. Wenn ich an Paris denke, fühle ich ein Lächeln in mir.

Wie habt ihr gelebt? Hast du in Paris irgend etwas vermißt?

Meine Eltern haben 1945 nach ihrer Befreiung mit nichts anfangen müssen. Mein Vater war Kaufmann mit durchschnittlichem Einkommen. Als ich klein war, lebten wir in ärmlichen Verhältnissen. Wir waren in Paris Staatenlose und mußten jedes Jahr bei der Polizeipräfektur unsere Aufenthalts- und Arbeitsgenehmigung verlängern. Ich erinnere mich, daß wir immer furchtbare Angst hatten, ob wir in Frankreich bleiben dürfen. Auch Bilder langer Warteschlangen von Ausländern in diesem Gebäude sehe ich vor mir. Das prägt mich bis heute in meinem Engagement sehr. Ich verstehe Flüchtlinge, ich verstehe Menschen, die ihren Paß verloren haben oder denen ihr Paß in ihrem Land nicht die gleichen Rechte bietet wie der Paß den Menschen hierzulande. Ich verstehe die Angst, weggeschickt zu werden, weil ich damals als kleiner Junge immer dabei war. Und dennoch waren dies zugleich die fröhlichsten Jahre meiner Eltern. Zwischen 1960 und 1970 entdeckten meine Eltern und die Holocaust-Generation das Leben wieder neu. Mit den eigenen Kindern wurde Zukunft und ein Stück Leichtigkeit wieder möglich.

War diese Leichtigkeit Ausdruck der Notwendigkeit, auch etwas hinter sich zu lassen, das man eigentlich gar nicht hinter sich lassen kann – ein Schicksal, wie es kein Autor erfinden könnte?

Diese ganze Generation hat ihre Jugend mit zwanzig Jahren Verspätung nachzuleben versucht, sie besaß aber manches, was eben Jugend ausmacht, nicht mehr, nämlich Unbeschwertheit und Unschuld. Die Fröhlichkeit war immer auch verknüpft mit Trauer, Weinen und Leid. Trotzdem gab es Lebenslust und den Versuch, genießen zu können. Meine Eltern sind exemplarisch für die Generation jüdischer Menschen, die heute zwischen 70 und 85 Jahre alt sind und die, als die Nazis nach Polen und Osteuropa kamen, zwischen 16 und 25 waren: junge Menschen mit allen Hoffnungen und Träumen. Meine Mutter war eine Tochter aus einer sehr gutbürgerlichen, traditionell orthodox lebenden jüdischen Familie, mit manchen modernen Ansichten und mit mehreren Brüdern und Schwestern. Mein Großvater, den ich nie kennengelernt habe, war ein sehr gläubiger Jude, der aber als Geschäftsmann auch weltlichen Dingen zugewandt war und meine Großmutter selig, die ich noch kannte, war eine faszinierende Frau, die bereits in den 20er Jahren alleine nach Capri und Südfrankreich reiste. Sie las Spinoza und verschlang die deutsche Literatur, eine kluge, für die damalige Zeit sehr emanzipierte Frau. Sie arbeitete im Geschäft meines Großvaters. In diesem Klima ist meine Mutter aufgewachsen. Mein Vater stammt aus einer kleineren Stadt in der Nähe von Krakau, aus viel bescheideneren Verhältnissen. Er war ein lebenslustiger und lebenshungriger junger Mann, der eine kleine Farbenfabrik besaß. Auch er entstammte einer frommen praktizierenden Familie und wurde erzogen in der jüdischen Religionsschule. Dann brachen die Vorboten der Hölle aus, das Ghetto, die Verfolgung. Beide Eltern haben miterleben müssen, wie ein Großteil ihrer Familienangehörigen vor ihren Augen erniedrigt, geschlagen und ermordet wurde. Alle sind von Anfang an den furchtbaren Weg gegangen. Mit der Auflösung des Ghettos lebten aber nur noch meine Mutter, mein Vater und meine Großmutter, die dann von Oskar Schindler gerettet wurden. Sie lebten – aber was für ein Leben? Verwundet, geschändet, entwürdigt, tief verletzt.

Wer war dieser Schindler, den du als Kind schon kanntest? Rankt sich um diesen Mann nicht auch ein Mythos, dem er möglicherweise nicht gerecht werden konnte?

Er war ein Bonvivant, ein Trinker und Frauenliebhaber, ein Mann, der vor und nach dem Krieg keinen besonderen wirtschaftlichen Erfolg hatte, und auch im Krieg nur einen scheinbaren ökonomischen Erfolg – aber auch den größten, den ein Mensch überhaupt haben kann, nämlich menschlich zu entscheiden und zu handeln! Wer ihn in seiner früheren Zeit, also nicht in den Jahren der Nazi-Herrschaft, zu bewerten gehabt hätte, der hätte gesagt: dieser Mann ist eher peinlich, so lebt man nicht, das ist kein ordentliches Leben. Auch nach dem Krieg wäre man wohl zu einem ähnlichen Urteil gekommen: ein Versager. Beeindruckend ist aber – und das ist eben kein Mythos, sondern die Faszination der Relativierung gewohnter Einordnungsmuster –, daß dieser nach klassischen bürgerlichen Maßstäben erfolglose, ja verdächtige Mann in der Stunde der wahren moralischen Entscheidung erfolgreicher war als die Hunderte, Tausende oder Millionen, die ihn als Versager tituliert hätten.

Mochtest du ihn?

Schindler war oft bei uns zu Hause. Das war völlig normal. Es gab drei oder vier jüdische Familien in Frankfurt, in Deutschland noch mehrere, bei denen er ein Teil der Familie war. Wenn er kam, war das nichts Außergewöhnliches. Daß er bei meiner Bar Mitzwa Ehrengast gewesen ist, war für mich selbstverständlich, denn ohne ihn gäbe es meine Eltern und mich nicht. Als ich ihn als kleiner Junge das erste Mal sah und wußte, was er getan hatte, war er für mich natürlich eine mythische Figur. Schon physisch, er war ein großer, stark gebauter Mann, und ich ein kleines Kind. Aber er war immer eine warmherzige und gütige Gestalt, eine völlig unprätentiöse Figur. Ich konnte ihm begegnen, ohne daß ich in Achtung und Dankbarkeit zerfließen mußte. Und so begegnete er auch meinen Eltern und allen anderen. Als ich älter wurde und verstand, was er getan hatte, da haben wir uns dann oft im Gespräch gefunden. Er wurde für mich eine echte Respektsperson im guten Sinn des Wortes. Es gab keinerlei Heldengeschichten, die er etwa dem jungen Friedman plötzlich zu vermitteln versucht hätte.

Welchen Stellenwert hatte er eigentlich, bevor er über Spielbergs Film »Schindlers Liste« weltbekannt wurde?

Er wurde im nichtjüdischen Deutschland verdrängt, auch in Frankfurt, wie ja fast alle, die etwas gegen Hitler unternommen hatten.

Sich an die Leute zu erinnern, die Hilfe und Widerstand geleistet hatten, und sie zu Vorbildern zu machen, das hätte in den 50er und 60er Jahren bedeutet, sich der kollektiven und privaten Lüge zu stellen, die man sich, seinen Kindern und der Welt erzählt hatte. Der Lüge, daß man nichts gegen die Nazis hatte tun können. Schindler und andere waren der lebende Beweis dafür, daß man helfen konnte, daß man sich einmischen konnte, wenn man nur wollte. Sie sind der Spiegel des Anstands, in den die Mehrheit der Nazi-Deutschen nicht hatte schauen können und wollen, weil sie sich dann nicht in ihre Lebenslügen hätten flüchten und die Jugend betrügen können.

Kann man den Holocaust überhaupt durch Kunst, also auch durch Filme darstellen? Wie war deine Reaktion auf den Film?

Adorno sagte einmal, nach Auschwitz könnten keine Gedichte mehr geschrieben werden. Ich widerspreche dem ausdrücklich. Denn was ist der Sinn von Kunst und Kultur, wenn nicht der, sich auf das reale Leben, also auch auf diese Katastrophe zu beziehen und es zu hinterfragen? Kunst, ob Literatur, Musik oder Malerei, versucht, die Geschichten der Menschen, ihre Schicksale und Gefühle auszudrücken, die ganze Palette der Empfindungen: Glück und Unglück, Lachen und Weinen, Hoffnung und Trauer, Hilflosigkeit und Depression. Der Holocaust ist eine reale Tatsache, die in dieser Welt stattgefunden hat. Darüber muß man schreiben, malen, man muß die Gefühle ausdrücken und die individuellen Schicksale mit der geschichtlichen Dimension darstellen. Deswegen finde ich den Film wichtig. Er ist ein Impuls, ein Stück im Mosaik des Bewußtmachens. Es gibt nicht *das* Rezept, *die* Lösung, wie man Erinnern für Gegenwart und Zukunft erarbeitet. Es gibt nur immer wieder neue Versuche. Dies ist auch das Prinzip der Vermittlung von Geschichte im historisch-politischen Sinn. Wer uns beizubringen versucht, dies sei ersetzbar, der nimmt uns unser Gesicht. Wie sehr wir aber individuelle Geschichten brauchen, existentiell benötigen, das zeigt uns immer wieder dieser Hunger nach Übermittlung. Die Orientierung, wie es einem anderen ergeht, ist eine wesentliche Matrix für unser eigenes Handeln.

Wie kam es, daß Schindler deine Eltern traf?

Meine Eltern und meine Großmutter wurden durch jene zwei oder drei Männer, die diese für Oskar Schindler anfertigten, auf die Liste gesetzt.

Was waren das für Leute?

Das waren ebenfalls Juden, die im Ghetto lebten und mit ihm gearbeitet haben, wie es auch in Spielbergs Film beschrieben ist. Meine Familie mütterlicherseits war eine bekannte jüdische Familie in Polen, Mäzene. Meine Großmutter hatte noch zwei oder drei letzte Diamanten, die dabei halfen, auf diese Liste zu kommen.

Hat Schindler für sich selbst Geld genommen?

Nein, Schindler hat sich nicht bezahlen lassen. Schindler tat, was er tat, nicht aus materiellen Gründen. Im Gegenteil, er hat sein ganzes Vermögen, das er bei den Nazis verdient hat, investiert, um seine Juden zu retten. Er hat sich in dieser Zeit und auch danach nie an materiellen Dingen orientiert. Nie. Er hat sein Leben nach dem Krieg finanziell nur organisieren können, weil seine geretteten Juden ihn unterstützt haben, ihm zweimal eine Fabrik finanziert und immer wieder Geld gegeben haben. Aber er hat das nicht erwartet, und er hat es auch nie ausgenutzt. Ich habe ihn oft gesehen, weil er viel bei uns und Freunden meiner Eltern war. Ich habe aber nie erlebt, daß Schindler suggeriert hätte, er erwarte, daß man ihm Geld gebe. Die einzigen Menschen, bei denen er sich wohlgefühlt hat, wo er gelacht hat, wo er frei war, wo er fröhlich war, waren »seine« Juden. Er hatte ein Stammcafé in Tel Aviv – wo er jedes Jahr, ab März oder April, bis zum Sommer seinen Tag verbrachte –, ein Restaurant, das einem seiner Überlebenden gehörte. Sein einziger Lohn war, daß er und die Menschen, die er gerettet hat, nie aufgehört haben, ihre Freundschaft zu leben. Wenn man mit ihm über sein Handeln sprechen wollte, wiegelte er ab. Er sagte nur: Darüber gibt es nichts zu sagen, das ist selbstverständlich.

Deine Eltern überlebten...

Sie überlebten und blieben zunächst in Polen, wo es aber kurz nach dem Krieg wieder furchtbare antisemitische Pogrome gab. Das war der endgültige Grund, Polen zu verlassen. Bis heute existiert in Polen ein alltäglicher Antisemitismus. Ich erlebe dies bis in die Gegenwart, wenn ich nach Polen fahre. Als ich zum Beispiel 1985 mit einer Gruppe jüdischer Jugendlicher nach Polen reiste, besuchten wir die jüdische Gemeinde in Warschau. In dem Gebäude, in dem auch die jüdische Gemeinde ihre Räume hat, weigerte sich der Hausmeister, uns aus dem verschlossenen Haupteingang hinauszulassen. Er bestand darauf, daß wir den Lieferanteneingang nehmen sollten, mit der Begründung: Juden hätten über die Hintertreppe zu gehen, sie verschmutzten den Haupteingang! Solche Geschichten erlebt man in Polen täglich, bis hin zu Entgleisungen hoher Kirchen- und Staatsrepräsentanten. Kaum jemand empört sich dort öffentlich über solche Vorfälle.

Meine Eltern sind mit wenigen Freunden, die ebenfalls überlebt hatten, nach Paris gegangen. Mein Bruder ist noch 1948 in Krakau geboren. Meine Großmutter hat ein zweites Mal geheiratet, und ihr Mann besaß in Paris einen Pelzgroßhandel, in dem mein Vater mitgearbeitet hat. Frankfurt war das europäische Zentrum der Pelzindustrie, dadurch kam er immer häufiger nach Frankfurt. Nachdem der zweite Mann meiner Großmutter gestorben war, wurde die Frage aktuell, ob man nicht nach Frankfurt ziehen sollte. Meine Großmutter weigerte sich, sie blieb in Paris. Sie konnte und wollte nicht in dem Land leben, das den Holocaust erfunden und durchgeführt hatte und ihr ihre ganze Familie genommen hatte. Sie blieb aus Überzeugung in Paris. Es hat Jahrzehnte gedauert, bis sie uns in Deutschland besuchte.

War die Entscheidung deiner Eltern, nach Deutschland zu gehen, ein langwieriger und schwieriger Prozeß?

Ich habe das damals nicht bewußt erleben können, ich war zu jung. Aber ich gehe davon aus, daß es große Auseinandersetzungen gab, denn meine Großmutter war, wie gesagt, strikt dagegen. Sie blieb auch dagegen und äußerte dies, indem sie einfach nicht nach

Deutschland kam. Es war mit Sicherheit keine leichte Entscheidung. Und ich hätte mir gewünscht, daß sie nicht in dieser Weise gefallen wäre. Das sage ich auch heute noch. Ich hätte mir gewünscht, daß wir in Paris geblieben wären.

Was sind die Gründe für diesen Wunsch?

Die Frage, ob es richtig ist, daß meine Eltern oder Menschen, die den Holocaust überlebt haben, nach Deutschland gegangen sind und daß man dadurch als Kinder dieser Eltern selbst in Deutschland lebt, wird wahrscheinlich in meiner Generation nicht beantwortbar sein. Die Auseinandersetzung mit der Geschichte, auch der Familiengeschichte, die Auseinandersetzung mit diesem Land zehrt Kräfte auf und nimmt Unbefangenheit. Auch heute noch denken Juden darüber nach, ob es damals richtig war, nach Deutschland zu kommen und hier zu bleiben. Oft hat dies mit gegenwärtigen Realitäten im Land zu tun. Man fragt sich: Wie werde ich von der Mehrheit in Deutschland gesehen? Wie stabil sind die Brücken des Vertrauens? Wie tief sind die Risse, die durch verbale Ausgrenzung, Anpöbeln von Ausländern oder Schändung jüdischer Friedhöfe die Fundamente dieser Brücken schädigen? Ist der Wunsch nach Verdrängung oder nach Übernahme der Verantwortung größer? Wird man von der Bevölkerung als Jude in Deutschland als Fremder, der nicht dazugehört, gesehen?

Erlebst du solche Ausgrenzungen?

Das beginnt schon mit der Sprache. Da wird von »ihr« und »wir« gesprochen, wie zum Beispiel bei einem Gespräch im Bundesinnenministerium, bei dem mir in meiner Funktion als Mitglied des Zentralrats der Juden in Deutschland vorgetragen wurde, welche Sicherheitsmaßnahmen die Länderpolizeien und das Bundesinnenministerium vorgesehen haben. Da sagte einer der höchsten Beamten dieses Ministeriums abschließend: »Herr Friedman, Sie können sicher sein, daß wir unser Bestes tun, selbst Ihr Botschafter hat uns bescheinigt, daß es optimale Maßnahmen sind.« *Ihr* Botschafter! Gemeint war der Botschafter des Staates Israel. Auch wird immer noch die Naziterminologie des »Viertel-« oder »Halbjuden« benutzt. Ich habe noch nie von einem Viertel- oder Halb-katholiken gehört.

Was ist das? Unwissenheit, Naivität?

Nein, das ist die Haltung, wie man Juden in diesem Land immer noch sieht. Das sind tradierte Ausgrenzungen. »Juden gehören nicht dazu«, »Juden sind eben nicht Christen«, »Juden sind eben nicht Deutsche, können es gar nicht sein, sind nicht loyal«. Das sind natürlich alles Klischees, aber so etwas hört man selbst von Wohlwollenden immer wieder. In meiner Eigenschaft als Vorstands-mitglied der jüdischen Gemeinde in Frankfurt und als Zentralrats-mitglied bekam ich zum Beispiel einen Brief vom Mieterschutz-verein München. Da schrieb dessen Geschäftsführer über einen jüdischen Hauseigentümer, der anscheinend mit seinen Mietern rü-pelhaft und schlecht umging, den Hinweis: wir sollten doch ein-schreiten, das fördere den Antisemitismus, er wolle doch nur das Beste für uns Juden, deswegen sollten wir uns gefälligst um diesen Fall kümmern. Ich habe noch nie von einem solchen Brief an einen katholischen Bischof gehört.

Gibt es bei diesem Verhalten Unterschiede zwischen den Genera-tionen?

Das ist übergreifend, auch sozial und bildungsmäßig. Die Sprache hat sich verändert, aber der Kern bleibt der gleiche. Und dann ist man als Jude natürlich gezwungen, zu reflektieren und zu prüfen, ob man sich selbst betrügt, wenn man sagt, hier gibt es Gegenwart und Zukunft für die eigene Familie, noch dazu, wenn man, wie ich, Verantwortung für die Gemeinschaft trägt. Daneben gibt es aber auch noch eine Innensicht. Immer dann, wenn die Trauer in ritua-lisierten Gedenktagen auflebt. Selbst fünfzig Jahre danach. Ich habe das gerade in diesen Wochen um den fünfzigsten Jahrestag der Befreiung von Auschwitz erlebt. Wenn meine Eltern diese Filme sehen, weint meine Mutter fürchterlich. Dann muß man miteinan-der reden. Man kann sich dem auch als junger Mensch nicht ent-ziehen. Man muß sich Fragen stellen, immer wieder Fragen stellen, wohlwissend, daß es nie Antworten auf diese Fragen geben kann.

Wie konnte so etwas passieren? Warum dieses sinnlose Abschlachten? Warum meine Familie? Nach 1945 standen für die hier lebenden Juden die gepackten Koffer stets griffbereit. In den 60er und 70er Jahren lagen die gepackten Koffer bereits im Schrank. Dann wurden sie ausgepackt, und heute leben wir ohne Koffer. Es gibt eine jüdische Gemeinschaft in Deutschland, die sich entschieden hat, in diesem Land zu leben. Aber die zentrale Frage bleibt: Können wir es uns leisten…?

Empfinden Juden in anderen Ländern genauso?

Der Antisemitismus ist keine deutsche Erfindung, aber Auschwitz war die deutsche Antwort auf den Antisemitismus. In anderen Ländern, die nicht von den Nazis besetzt waren, ist für die jüngere Generation der Holocaust kein unmittelbares historisch-nationales Thema. In Deutschland bleibt er dies – auf unmittelbarer menschlicher Ebene so lange, wie die Menschen, die in dieser Zeit lebten, immer noch unter uns sind, und auf politischer Ebene als Erinnerung auch darüber hinaus, um aus der moralischen Bewertung des Vergangenen heraus eine bessere Zukunft zu gestalten.

Kannst du dich erinnern, wann und wie deine Eltern dir in Frankreich von den schrecklichen Ereignissen erzählt haben?

Sie haben dies anfangs nicht verbal geschildert, trotzdem habe ich aber als Kind, wie alle Kinder von Überlebenden des Holocaust, unerklärte, seltsame Anhaltspunkte bemerkt. Das begann schon damit, daß wir nur so wenige waren. Unsere Familie bestand aus meiner Mutter, meinem Vater und meiner Großmutter. Um mich herum lebten aber Tausende, Millionen nichtjüdischer Familien, die Onkels, Tanten, Vettern und Cousinen hatten – nur wir waren so wenige. Also fragte ich mich: Wieso sind wir nur so wenige? Man fragte, ohne daß man es als Kind in Worte fassen konnte. Wenn meine Eltern sich mit Freunden trafen, dann kamen, daran erinnere ich mich so genau, als sei es gestern gewesen, früher oder später Stichworte wie Auschwitz oder »Erinnerst du dich?« auf. Ich erinnere mich an das Weinen. Damals habe ich mir die Frage gestellt: Was ist da los, warum sind die so traurig? Dann gab es die

Zeit, als die ersten Filme zu sehen waren und ich zu Hause bemerkte, daß irgend etwas mit Mutter und Vater passierte. Das war ein individuell-familiäres, aber auch ein kollektiv-familiäres Erlebnis, weil die jüdischen Kinder um mich herum ähnliches beobachteten und empfanden. Dann wird man sieben oder acht Jahre alt und beginnt Fragen zu stellen, und man erhält, auch ohne zu fragen, plötzlich mehr Informationen. Es entsteht ein erstes Netz des Wissens. Und plötzlich erzählten auch meine Eltern und meine Großmutter von ermordeten Kindern. Meine Mutter erzählte von ihrem ermordeten Lieblingsbruder. Ich merkte plötzlich: Es muß Gewalt gegeben haben und Tod, irgendwelche Menschen haben uns Gewalt angetan. Dann wird man wieder ein Jahr älter, und diese Gedanken bekommen auch eine politische Dimension: Man lernt, Mosaiksteinchen für Mosaiksteinchen, daß es Deutsche waren, daß es Konzentrationslager gab, daß Juden, weil sie Juden waren, verfolgt wurden. Ich lernte dies indirekt auch aus den Ratschlägen der Eltern, die ihre eigenen Ängste auf uns Kinder übertrugen. Zwischen meinem sechsten und achten Lebensjahr habe ich aus diesen verschiedenen Mosaiksteinchen und aus Gesprächen mit meinen Eltern dann erfahren, was in den Konzentrationslagern passiert ist. Damals hatte ich den einzigen wiederkehrenden Alptraum meines Lebens: Daß ich mit meinen Eltern in Polen in die Züge gestopft werde und wir an einem dunklen Ort mit Hunden und Scheinwerfern ankommen, und daß, als wir aus diesem Zug rausgehen, meine Eltern von mir weggerissen werden, meine Mutter in die eine Richtung, mein Vater in die andere, und ich furchtbar anfange zu schreien. Das war dann der Moment, in dem ich aufwachte und weinte. Es hat ungefähr ein Jahr gedauert, bis ich diesen Traum nicht mehr träumte.

Hast du noch eine Erinnerung an den Wechsel von Paris nach Frankfurt? Was haben dir deine Eltern gesagt, in welches Land ihr geht?

Ich wußte, daß wir nach Deutschland gehen. Ich war auf dieses Land eingestellt. Haß kannte ich nicht, nur Trauer, unsägliche Trauer, und die Frage »Warum?«.

Wie alt warst du, als ihr gingt?

Zwischen meinem fünften und achten Lebensjahr setzte sich die Orientierung nach Deutschland durch. Es gab in meiner Kindheit eine sehr grundsätzliche Debatte über meine Zukunft in Deutschland, als nämlich die Frage aufkam, wo ich ins Gymnasium gehen sollte. Ich war die letzten Jahre auf der französischen Volksschule in Frankfurt gewesen. Sollte ich nun nach Straßburg, weg aus Deutschland, oder in Frankfurt bleiben? Meine Großmutter plädierte für Frankreich. Ich wäre mit Sicherheit nicht unglücklich in Frankreich geworden, bin aber trotzdem dankbar, daß meine Eltern dies nicht getan haben. Denn dadurch habe ich das unersetzbare Privileg gehabt, mit meinen Eltern und bei meinen Eltern zu leben, von ihnen erzogen zu werden und so zu werden, wie ich heute bin. Das war letzten Endes auch der ausschlaggebende Grund, warum meine Eltern sich, trotz allem, entschieden haben, daß ich bleibe: zu sagen, wir sind eine Familie, wir lassen uns diese Familie nicht auch noch zerreißen.

Dieser enge Zusammenhalt in jüdischen Familien fasziniert mich. Ist das tradiert, oder hat das mit dem Holocaust oder der Angst vor Verfolgung über Jahrhunderte hinweg zu tun?

Es ist eine der Grundsäulen jüdischer Religion, Tradition und Ethik, daß die Familie den allerhöchsten Wert im Leben hat. Austausch und Respekt der Generationen untereinander sind enorm wichtig. Das beinhaltet auch den Respekt der Älteren gegenüber den Kindern, nicht nur der Kinder gegenüber den Alten. Wissensvermittlung und Erziehung haben einen zentralen Wert im jüdischen Leben. Wenn Eltern zum Beispiel feststellen, daß die Kinder weiter gekommen sind als sie, dann ist das etwas Positives und kein Problem. Daß die Verfolgungsgeschichte diese Haltung gesellschaftspolitisch und existentiell verstärkt hat, stimmt sicherlich. Aber Grundlage ist bis heute das jüdisch-ethische Selbstverständnis, daß Kinder das Wichtigste im Leben sind. Deswegen sind auch Bildung und Ausbildung und die Tradition der Verantwortungsübernahme elementar. Es ist eine der höchsten Auszeichnungen für ein jüdisches Leben, sich für die Gemeinschaft verantwortlich zu fühlen, etwas zu tun, das man zu Hause gelernt hat, und es dann an die Gemeinschaft weiterzugeben.

Gibt es eine Erinnerung an den ersten Schultag in Deutschland? Wie hast du Deutsch gelernt?

Das weiß ich nicht. Ich hatte keinen systematischen Deutsch-Unterricht. Ich habe Deutsch das erste Mal auf dem Gymnasium in der Sexta gelernt.

Wurde auch zu Hause mit deinen Eltern weiter Französisch gesprochen?

Nein, da führte sich die deutsche Sprache immer mehr ein. Die primären Sprachen, in denen meine Eltern sich selbst unterhielten, waren Polnisch, Jiddisch und Deutsch, in dieser Reihenfolge. Auch mit mir wurde in diesen drei Sprachen gesprochen, aber erinnern kann ich mich nicht, wie ich sie gelernt habe.

Wie habt ihr die ersten Jahre in Frankfurt gelebt? Gab es Kontakte mit Nachbarn? Oder vollzog sich das Leben hauptsächlich in der jüdischen Gemeinde?

Es gab zwei Ebenen. Mein Vater hatte in seinem Beruf selbstverständlich viel und vorwiegend mit nichtjüdischen Deutschen zu tun. Auch ich selbst habe an der Schule, als ich dann ins Gymnasium ging, natürlich nichtjüdische, deutsche Schulfreunde gehabt. Aber das private, das intime Leben war dominiert von jüdischen Familien.

Hat man dich auf dem deutschen Gymnasium in der Klasse in die Mitte genommen? Oder warst du ein Fremder, der auch zunächst ein Fremder blieb?

Es hatte mehrere Gründe, warum ich nicht schnell integriert wurde. Das eine war, daß ich aus einem anderen Sprachkreis kam, was in Sexta, Quinta und Quarta aufgrund meines Sprachdefizits besonders deutlich war. Zudem war ich ein jüdisches Kind, und das

35

war in den 60er Jahren noch mit einem Ausrufezeichen versehen, auch bei Lehrern. Aber ich fühlte mich nicht als Fremder.

Fühltest du dich wohl?

Nein, aber auch nicht diskriminiert. Ich bin relativ zügig Klassensprecher geworden, dann auch Schulsprecher des Goethe-Gymnasiums. Es gab Probleme mit Lehrern, aber es gab auch großartige Lehrer. Ich hatte Lehrer, die mir nicht nur Wissen vermittelt haben, sondern vor allem die Lust am Lernen, die mich neugierig gemacht haben, Neues zu erfragen und zu erfahren. Ich hatte aber auch Lehrer, die immer noch nicht begriffen hatten, daß die alten Zeiten vorbei waren, die Nazizeit, und die es offenkundig auch noch bedauerten, daß diese Zeit vorbei war.

Was waren das für Konflikte? Geschichtsbetrachtungen prinzipiell verschiedener Art? Ging es um Nationalität?

Das waren diese unerträglichen Bemerkungen, nicht mal nur mir gegenüber, sondern einfach so, im Geschichts- oder Deutschunterricht dahin gesagt. Wir hatten zum Beispiel einen Physiklehrer, der, wenn er seine Autorität betonen wollte, von seinen Heldentaten im Zweiten Weltkrieg erzählte, und der stolz darauf war, seinen Zeigefinger in einer Schlacht verloren zu haben. Das war eben Deutschland in den 60er Jahren, und die Schule war natürlich ein Spiegelbild der Gesamtbevölkerung. Viele Lehrer kamen aus der Nazizeit und hatten dort nicht etwa unterrichten müssen, was man ihnen vorgab, sondern sie hatten diese menschenfeindliche Ideologie unterrichten wollen. Und sie hätten dies ganz gern noch ein paar Jahrzehnte länger getan, aber die »tausend Jahre« waren vorbei. Einige kaschierten ihre Enttäuschung darüber, andere nicht. Ich war sehr wütend und entsetzt, daß dies möglich war: Daß ich als Kind von Überlebenden mit solchen Menschen konfrontiert wurde, mich habe konfrontieren lassen, weil ich in Deutschland lebte. Aber diese Konflikte fanden auch innerhalb der Lehrerschaft statt. Es gab immer Lehrer, die einem solidarisch zur Seite standen, und es gab auch andere aufmüpfige Schüler, nicht nur mich. Es war die Zeit der 68er, die bereits eine Generation vor mir die Ewiggestrigen bekämpfte. Fünf oder sechs Jahre früher geboren, wäre ich vermutlich einer der engagiertesten 68er in diesem Land geworden.

War das Gesprächsstoff bei euch zu Hause: die APO-Generation und ihr Versuch, den Mief und Muff der 50er Jahre abzuschütteln? Waren damit Hoffnungen verbunden? Kannst du dich an Gespräche erinnern, die in der jüdischen Gemeinde darüber geführt wurden?

Nein. Ich war, als das alles passierte, zwischen acht und dreizehn Jahre alt. Es gab natürlich Ängste über die Gewalt in Deutschland, eine linke Gewalt, aber es war eben doch Gewalt. Für Juden in Deutschland war Gewalt immer etwas sehr Bedrohliches. Es gab Angst vor Chaos und Autoritätsverlust der staatlichen Instanzen, die das Gewaltmonopol innehaben. Aber den Jüngeren war diese Bewegung eher sympathisch, ähnlich wie den nichtjüdischen Jüngeren. Es war zum ersten Mal in Deutschland der gelungene Versuch, eine neue moralische Richtung und damit gleichzeitig eine Abrechnung mit der alten zu erzeugen. Bei den Jungen herrschte die Hoffnung, durch ihr militantes Handeln niemals so zu werden, wie die Alten gewesen waren, und gleichzeitig zu erreichen, daß die Alten nicht mehr lange an der Macht sind. Beides war eine Illusion. Trotzdem war die Bewegung langfristig eine wichtige Korrektur.

Dann kam das Abitur und die Frage, was mache ich danach...

Ich hatte schlechte Noten in Naturwissenschaften und gute in Geisteswissenschaften. Ich wollte immer Schreiben, Sprechen, Bewegen. Deswegen träumte ich davon, Journalist, Anwalt, Politiker oder Verleger zu werden. Auf der anderen Seite stand der Wunsch meines Vaters, daß ich Medizin studieren und Arzt werden sollte. Dieser Wunsch hatte drei Ursachen. Erstens hatte mein Vater immer selbst Arzt werden wollen. Ein anderer Grund war, daß er im KZ und auch im Ghetto erlebt hat, daß ein Arzt sogar an solchen Orten immer noch ein Stück privilegierter leben konnte als die anderen, weil er immer gebraucht wurde. Und drittens ist es ein Beruf, den man überall ausüben kann, auch wenn man von einem

Tag zum anderen flüchten muß. Ich bin diesem Wunsch gefolgt und habe zwei Jahre lang Medizin studiert. Als ich dann endgültig wußte, was ich machen wollte, habe ich, nach langen Diskussionen und im Konsens mit meiner Familie, Jura zu studieren begonnen.

Hast du während Jurastudium und Examen darüber nachgedacht, ob du dich politisch engagieren solltest, oder war das damals kein Thema?

Ich habe nie darüber nachgedacht, weil ich mich immer engagiert habe. Erst war ich Schulsprecher, wurde dann mit siebzehn Jahren in den Bundesvorstand Jüdischer Studenten in Deutschland gewählt. Der Bundesvorstand Jüdischer Studenten mußte sich in dieser Zeit besonders mit drei Themenkomplexen auseinandersetzen. Einerseits dem als Antizionismus getarnten Antijudaismus der Studentenbewegung, andererseits aber auch mit dem Thema der real noch unter uns lebenden Nazigrößen und der Unfähigkeit der deutschen Gesellschaft, diese juristisch abzuurteilen, sowie der Realität, daß an den Universitäten noch sehr viele Professoren in wichtigen Positionen lehrten, die auch im Nationalsozialismus bereits gelehrt hatten. Als drittes war es die Zeit, in der wir uns für die verfolgten Juden in Osteuropa engagierten, vor allen Dingen in der damaligen Sowjetunion. In den 70er Jahren war die Sowjetunion extrem antisemitisch, auch gewalttätig gegenüber Juden.

Welches Verhältnis gab es zur Sowjetunion?

Wir mußten, um auf jüdische Dissidenten aufmerksam machen zu können, auf die Sowjetunion Druck ausüben. Eine wichtige Aktion hatte mit dem Weltpostvertrag zu tun. Dieser Weltpostvertrag sagt aus, daß dem Absender von Einschreibebriefen, die den Empfänger nicht erreichen, ein Geldbetrag erstattet wird. Ein kluger Freund von mir hatte in den 70er Jahren davon gelesen und kam mit der genialen Idee zu uns, jüdischen Dissidenten, die vom KGB und der Sowjetunion bedroht und teilweise interniert worden waren, Einschreibebriefe zu schicken. Einzige Ausnahme für die Beförderung nach dem Weltpostvertrag ist, daß Briefe staatsfeindlichen Inhalts oder die gegen die Gesetze des Landes verstoßen, nicht ausgeliefert

werden müssen. Da haben wir überlegt, wie können wir dieses mögliche Scheinargument unterlaufen und haben uns entschieden: Wir schicken den Dissidenten die Bibel und die UN-Charta. Da die Sowjetunion Mitglied der UN war, konnte sie dagegen nichts einwenden, und da zur UN-Charta die Religionsfreiheit gehört, konnte sie dagegen auch nichts tun. Dann haben wir in der Gemeinde Geld gesammelt und Tausende dieser Briefe weggeschickt. Die wurden natürlich alle nicht ausgeliefert! Wir hatten mit individuellen Absendern verschickt, und als nach ein paar Wochen der Rückschein nicht kam, erhoben wir bei der Deutschen Bundespost unsere Schadensersatzforderungen. Am Anfang haben die den Schadensersatz auch brav geleistet, aber irgendwann müssen sie gemerkt haben, was da eigentlich los war. Nun kam das nächste Kapitel in diesem Spiel. Laut Weltpostvertrag zahlt zwar das Absenderland, also die Bundesrepublik Deutschland, es hat aber einen international besiegelten Rückerstattungsanspruch an dasjenige Land, das die Briefe nicht verteilt hat, also die Sowjetunion. Am Ende eines Jahres wurde aufgerechnet und die Bundesrepublik hätte sich das Geld von der Sowjetunion wiederholen müssen. Aber die Sache war mittlerweile hochpolitisch geworden, weil gleichzeitig die Ostverträge verhandelt wurden und man keine atmosphärischen Störungen riskieren wollte. Deshalb haben sich die bundesdeutsche Regierung und die Post entschieden, das Geld bei der Sowjetunion nicht einzufordern. Damit waren wir genau da, wo wir hinwollten, wir hatten ein Politikum. Wir haben dann einige Bundestagsabgeordnete angespitzt und ihnen empfohlen, macht doch mal eine große Anfrage: Wie kommt es, daß die Bundesrepublik darauf verzichtet, sich Hunderttausende Mark von der Sowjetunion zurückzuholen? Damit wurde die Aktion im Deutschen Bundestag zu einem Skandal. Das ging so weit, daß die Bundesregierung uns bat, mit dieser Sache nicht weiterzumachen. Wir haben aber erst recht weitergemacht und gesagt: Kümmert euch in euren Gesprächen um die Menschenrechte und den Antisemitismus in der UdSSR, sprecht sie an, helft den verfolgten Juden.
Auch heute noch existiert der Studentenverband an den Universitäten, an denen über tausend jüdische Studenten lernen.

Hast du dich damals ausschließlich in jüdischen Fragen engagiert?

Ich habe mich immer sowohl im jüdischen als auch im nicht-jüdischen Bereich engagiert. Ich wurde als jüngstes Mitglied in den Gemeinderat in Frankfurt und kurz danach in den Vorstand der jüdischen Gemeinde gewählt. In dieser Funktion habe ich den Frankfurter Oberbürgermeister Walter Wallmann kennengelernt, der mich für die Stadtpolitik gewann. Seine persönliche Integrität und das Netz von Entscheidungen, die er aus der Verantwortung der Geschichte für die Gegenwart getroffen hatte, gaben ihm Glaubwürdigkeit. Er lud Frankfurter Juden, die in der Nazizeit emigrieren mußten, wieder nach Frankfurt ein. Er engagierte sich für ein Jüdisches Museum in Frankfurt. Den wichtigen Bau eines neuen Jüdischen Gemeindezentrums hat er wesentlich mitgestaltet. Auch jüdische Kulturwochen als Veranstaltung der Stadt Frankfurt am Main und damit die Aussage, daß jüdische Kultur auch Frankfurter Kultur ist, waren wichtige Signale. Dabei sagte Wallmann immer wieder: Ich tue dies nicht nur für Juden, sondern auch und gerade für mich als Deutschen, weil ich das Judentum als einen Teil Deutschlands begreife und weil ich glaube, daß Hitler Deutschland vernichtet hat, als er das Judentum vernichten wollte!

Wir hatten auch oft grundsätzliche Diskussionen. Als wir Anfang der 80er Jahre auf dem Frankfurter Flughafen eine der ersten Gruppen ehemaliger Frankfurter Juden empfingen, erlebte man, wie extrem emotional dieser Vorgang war. Diese alten Menschen kamen zum Teil erstmals nach der Befreiung vom Holocaust wieder nach Deutschland. Diese Begegnungen waren voller Anspannung und ambivalenter Gefühle für alle Beteiligten. Anschließend gingen Wallmann und ich zum Essen und er sagte: »Es wird wohl noch lange dauern, bis das Verhältnis zwischen Deutschen und Juden wieder gut ist.« Da bin ich explodiert und sagte: »Es wird vor allen Dingen sehr lange dauern, wenn selbst Leute wie Sie noch von Deutschen und Juden sprechen, als seien Juden keine Deutschen!« Trotzdem war es eben genau sein Anliegen, jüdisches Leben in Deutschland und speziell in Frankfurt auf allen Gebieten zu einem alltäglichen Bestandteil zu machen, ohne dabei die Verantwortung gegenüber der Vergangenheit wegzuwischen. So kam es, daß er mich eines Tages fragte, ob es nicht an der Zeit sei, den Test zu machen, ob bekennende und exponierte Juden nicht in der deutschen Politik tätig sein können – wie bekennende Christen auch. Wie würden Nichtjuden darauf reagieren? Wäre eine sachliche Diskussion möglich? Würden etwa in der Auseinandersetzung um einen Bebauungsplan, wenn Argumente fehlten, antisemitische Bemerkungen fallen? Wäre die jüdische Gemeinschaft soweit, daß sie einen exponierten Vertreter in dieser Aufgabe, unabhängig von der Parteizugehörigkeit, vertragen würde? Wieviele Ängste und Befürchtungen hätte die jüdische Gemeinschaft gegenüber einer solchen Entscheidung? Ich fand und finde es richtig und wichtig, daß man diese Fragen nur durch gelebte Realitäten beantwortet. Welche Ängste waren berechtigt, welche nicht? Eine Antwort konnte nur durch Handeln gegeben werden.

Ich habe mich damals entschieden, diesen Versuch zu wagen. Für die CDU entschloß ich mich, weil es die Zeit war, in der der Nato-Doppelbeschluß eine elementare politische Frage war. Die SPD schien Bundeskanzler Helmut Schmidt im Stich zu lassen, weil sie in großen Teilen dagegen war. Ich war ein überzeugter Anhänger des Nato-Doppelbeschlusses, weil für mich die Einbindung Deutschlands in das westliche Bündnis auch ein Stück Kontrolle durch Kooperation bedeutete. Dies gilt bis heute. Auch daß die Europapolitik durch eindeutiges Engagement Helmut Kohls vertreten wurde, motivierte mich. Außerdem führte die SPD eine intensive Auseinandersetzung über ihre Definition des Begriffs soziale Marktwirtschaft. Extrempositionen wie die der Stamokap-Gruppe, die einen sozialistischen Ansatz hatten, wurden innerhalb der SPD zunehmend ernsthaft diskutiert. Mein Selbstverständnis von sozialer Marktwirtschaft war und ist aber die gleichberechtigte Auseinandersetzung zwischen den Interessen des Kapitals und der Arbeitnehmerschaft: daß es Reichtum in einer freien Gesellschaft geben darf, so lange Übereinstimmung darüber besteht, daß es keine Armut geben darf. Daß ich mich auf anderen Feldern in der CDU nicht optimal wiederfand, änderte nichts an der Tatsache, daß ich dort, im Vergleich mit den anderen Parteien, den höchsten Grad an Übereinstimmung mit meinen eigenen Vorstellungen fand.

Welche Rolle spielt im Rahmen deines Engagements der Staat Israel?

Für mich persönlich ist Israel zuallererst das geistige Zentrum meiner Religion, Jerusalem mit der Klagemauer und den vielen religiös-historischen Stätten. Daneben ist er das einzige Land, in dem das Judentum in der Mehrheit ist, etwas, das ein Jude, der in der Diaspora lebt, nie kennengelernt hat. Drittens muß ich, seit es Israel gibt, als Jude keine Angst mehr haben, vernichtbar zu sein, weil es eine Zufluchtsstätte ist. Wo auch immer in dieser Welt eine solche Situation für mich entstehen würde – ich weiß, daß es ein Land gibt, das aus seinem eigenen Selbstverständnis heraus mir nicht nur Zuflucht, sondern auch Heimat sein will. Dies gibt Kraft, in der Diaspora als selbstbewußter Jude und Bürger in der Gesellschaft zu wirken und zu leben.

Aber wie erlebe ich, wie Deutsche einen Juden mit Israel assoziieren? Als kleiner Junge, während des Sechstagekrieges, ich war elf Jahre alt, erlebte ich dies zum ersten Mal. Ich ging damals als braver Sohn zum Bäcker, holte Brötchen und ging zur Theke, um zu zahlen. Da sagt mir die Bäckerin plötzlich: Also, was ihr da macht, das ist sensationell, das haben nicht mal wir gekonnt. Eure militärischen Leistungen sind ungeheuerlich, ihr könnt stolz auf euch sein. Ich schaute die Bäckerin fragend an und überlegte, was meine Familie in den letzten Tagen so Bemerkenswertes getan hatte. Und erst als ich nach Hause ging wurde mir deutlich, daß sie das meinte, was im Sechstagekrieg die Israelis geleistet hatten! Umgekehrt habe ich erlebt, als die neue deutsche Linke, die sich ja als so geläutert und so anders als ihre Eltern empfand, sich beim Libanon-Konflikt in einen Antizionismus versteifte, der eindeutig antisemitische Züge trug. Plötzlich wurde Israels Politik mit der der Nazis verglichen. Dies war für mich eine ungeheure Fehlleistung derer, die bis dahin so unverdächtig und modern gewirkt hatten! Es gab damals weltweit Kritik an Israel. Aber nur in Deutschland gab es diese Vergleiche mit den Taten der Nazis. Darin spiegelt sich vieles an Unverarbeitetem wider. Auch damals hörte ich in Diskussionen oft »ihr«.

Erinnerst du dich an deine ersten Eindrücke von Deutschland?

Ich habe Deutschland in den ersten Jahren vorwiegend über meine Eltern rezipiert und über zufällige Alltagsbegegnungen.

Erinnerst du dich an Gefühle von Ängstlichkeit oder eher an Neugierde und Spaß?

Es war eine Mischung aus Neugierde und Distanz, die sehr konkret mit dem Wissen zu tun hatte, daß ich mich in dem Land befand, in dem die Mörder meiner Familie leben. Was ich darüber in Paris noch indirekt mitbekommen hatte, wurde in Deutschland immer unmittelbarer und direkter. Auch zu Hause wurde nun konkreter und offener über die eigenen Familienerfahrungen mit Deutschland gesprochen. Meine Gefühle waren widersprüchlich, ich war hin- und hergerissen, jedenfalls selten entspannt.

Was bedeutete das für die Kontakte mit Deutschen und deutschen Kindern?

Ich hatte auf dem deutschen Gymnasium keine Berührungsängste mit Schulfreunden. Aber ich hatte ein Bedürfnis nach Aufklärung, wenn ich mit nichtjüdischen Deutschen zusammenkam – nicht was die Kinder, aber was ihr Umfeld, die Eltern und andere Erwachsenen anging. Man muß sich bewußt machen, daß wir von den 60er Jahren reden, das heißt, die nichtjüdischen deutschen Kinder meiner Generation waren Kinder von Eltern, die in Deutschland das Dritte Reich er- und gelebt hatten. Ich fragte mich, was hatten die Eltern meiner Schulfreunde gemacht, und was hatten vor allem ihre Großeltern im Dritten Reich getan?

Erinnerst du dich an Konflikte, die aus deinen Fragen und deiner Neugierde entstanden sind?

Ja, es gab Konflikte mit Erwachsenen. Wenn ich Fragen hatte, dann habe ich sie gestellt und Meinungen auch formuliert. Eine Stunde Null hat es, entgegen dem Verdrängungswunsch vieler, natürlich auch für Antisemiten nie gegeben. Dieser Begriff zeigte aber ganz deutlich den hilflosen Versuch, eine kollektive Amnesie durchzusetzen. Es gab dann auch heftige Auseinandersetzungen zwischen mir und den Eltern meiner Schulfreunde. Oft aber begann dadurch der Dialog innerhalb dieser Familien. Ich erinnere mich, daß ich mich mit meinen nichtjüdischen Schulfreunden lieber bei mir zu Hause getroffen habe, denn es gab Eltern, die den Umgang mit einem jüdischen Schüler nicht gerne sahen.

Du warst von Anfang an ein streitbarer Geist. Wie kommt das?

Sich nicht anpassen, wiedersprechen, fragen, sich nicht verstecken – so wollte ich immer sein. Ich habe eine Erziehung voller Liebe erlebt. Dabei haben wir zu Hause immer gerne gestritten. Wenn ich mal etwas gesagt habe, dann wurde das nicht autoritär zum Schweigen gebracht, sondern dann wurde geredet, soweit das halt mit einem Sechsjährigen, Achtjährigen, Zehnjährigen möglich ist. Manchmal argumentierten wir, manchmal dominierten unsere Gefühle, aber es wurde immer ein Gespräch geführt. Ich habe stets die Auseinandersetzung mit meinen Eltern gesucht, weil eben dieser Dialog spannend und aufregend war.

Du hast einen Bruder, der in Israel lebt und drei Kinder hat. Er ist 1948 geboren, also 8 Jahre älter als du. Hat er auch in Deutschland gelebt?

Mein Bruder hat in Frankreich gelebt, besuchte dann in Lausanne und in Bad Reichenhall die Hotelfachschule und absolvierte sein Praktikum in verschiedenen Hotels. Dabei hat er nicht selten zu hören bekommen, was man wohl in Berufen, in denen die Leute freier sprechen, eben mitbekommt, daß nämlich bei Konflikten öfter und schneller gesagt wurde »Du Jude«. Er hat sich eines Tages gesagt: Das tue ich mir nicht an, das will ich auch meinen Kindern in Zukunft nicht antun. Ich gehe nach Israel, das ist das einzige Land, wo jedenfalls Jude kein Schimpfwort ist. Dort lebt er jetzt seit knapp zwanzig Jahren, hat drei Kinder, und er hat diesen Schritt nie bereut. Wenn ich mir seine Kinder heute anschaue, dann beneide ich sie, daß sie mit Antisemitismus nichts Persönliches verbinden und daß ein solcher für sie emotional nicht existiert.

II

Jüdisches Leben in Deutschland

Ist die jüdische Diaspora eine Familieninsel, eine abgeschottete Region, in der sich die deutschen Juden finden, sich austauschen, gemeinsam etwas unternehmen? Oder ist die Diaspora auch ein Ort, wo politische Strategien formuliert und die Interessen der 50 000 Juden in Deutschland artikuliert werden?

Jüdisches Leben in Deutschland ist vielschichtig, von emotionalen Anspannungen und geschichtlichen Hypotheken ebenso geprägt wie von der Gegenwart eines demokratischen Deutschland und einer neu heranwachsenden Jugend. Jeder Mensch, jede Familie hat ihr eigenes Schicksal, jeder hat einen ganz individuellen Grund, hiergeblieben zu sein, hier leben zu wollen. Die meisten, die in den 50er und 60er Jahren hier ihre Existenz aufgebaut haben, sind Überlebende der Konzentrationslager. Die meisten kommen aus Osteuropa. Dies hat einen Einfluß auf die Identität der jüdischen Gemeinschaft. Daraus entsteht die Konsequenz einer starken Orientierung an Traditionen jüdischen Lebens. Erst in den 80er Jahren, als die erste Nachkriegsgeneration Kinder bekam, veränderte sich die ursprüngliche Haltung der ersten Gründer der Gemeinden, ständig auf Koffern zu sitzen, nur ein Provisorium zu leben, hin zu der Gewißheit, wenigstens die Gegenwart anzunehmen. Mit dieser ersten Nachkriegsgeneration und deren Kindern kam ein zögerliches, vorsichtig optimistisches Gefühl, daß diese Gegenwart eine Zukunft haben könnte. Daraus entstanden dann auch infrastrukturelle Änderungen und solche im Bewußtsein und Selbstbewußtsein. Jüdisches Leben in der Diaspora, gerade und erst recht in Deutschland, bedeutet nun eine wissende und bewußte Identität als Jude, mit der es gilt, in die Gesellschaft einzusteigen. Also eine Absage ans Ghetto. Es ist aber auch eine Absage an die Assimilation, also die Aufgabe der eigenen Identität. Dieses war das Modell der deutschen Juden der 20er und 30er Jahre, und das ist fatal zusammengebrochen. Deswegen ist für mich der alte Begriff »deutscher Jude« aus den 20er und 30er Jahre, für mein Leben auch nicht

45

nachvollziehbar. Denn das bedeutete die Aufgabe des Judentums zugunsten des Deutschen. Das halte ich schon vom Grundkonzept her für falsch. Ich bin der Meinung, daß ein Mensch sich über viele Identitäten definiert und daß keine Gesellschaft verlangen darf, daß ein Mensch seine Identität zugunsten einer anderen aufgeben muß. Aber auch die Ghettoisierung ist falsch. Denn sie nimmt dem, der sich ghettoisiert, die Chance, Vielfalt zu erleben. Es ist eine Mauer, die von innen errichtet wird.

Gibt es für die Menschen verschiedener Lebensart und unterschiedlicher Generationen auf diesem Weg unsichtbare Barrieren für eine Integration in dieses Deutschland?

Der Alltag ist – ich will dies nicht bewerten, aber doch feststellen – christlich geprägt, obwohl wir formal eine Trennung zwischen Religion und Staat haben und obwohl immer weniger Menschen nach religiösen Gesichtspunkten leben. So sind die christlichen Feiertage größtenteils auch gesetzliche. Die Kirche prägt, trotz ihrer Schwäche und trotz ihrer Krise, in vielen Bereichen sehr deutlich den Alltag. Ein jüdisches Kind, das seine Feiertage leben will, fällt früh auf. Christliche Kinder müssen nicht extra Urlaub nehmen, wenn sie ihre Feiertage haben. Jüdische Kinder müssen dies. Ganz anders als in Amerika, wo es überhaupt keine Feiertage mit religiöser Begründung gibt. Das ist für die Integration eines Nichtchristen in die Bundesrepublik immer noch problematisch, denn es führt im Alltag, nicht nur der Kinder und Jugendlichen, zu unguten Aha-Effekten: nicht normal, nicht Alltag, nicht wie die meisten, also ein Fremder. Es gibt mithin aufgrund der historischen Belastung viele allzu alltägliche Barrieren, die es Juden schwer machen, ihre Identität entspannt zu leben, ohne »aufzufallen«. Hier haben vor allen Dingen Lehrer ihrer Verantwortung gerecht zu werden und eine wichtige Aufklärungsarbeit zu leisten.

Wie werden die Juden in Deutschland von der überwältigenden Majorität von Christen und Atheisten verstanden?

Unwissenheit führt zu Vorurteilen. Die Menschen wissen zu wenig voneinander, zu wenig von den anderen Religionen. Und es gibt leider aufgrund dessen, was im Dritten Reich passiert ist, für junge Menschen viel weniger Möglichkeiten zu Alltagsbegegnungen zwischen Juden und Christen, was immer noch die beste Prävention gegen Vorurteile ist. Mir ist allerdings bewußt, daß trotz des seit einigen Jahrzehnten begonnenen Dialogs zwischen Juden und Christen die jahrtausendelang tradierten Vorurteile eine und mehr Generationen brauchen, um abgebaut zu werden. Wir befinden uns jetzt in Europa und auch in Deutschland in einer Phase, wo der Wunsch der meisten Menschen nach Miteinander größer ist als der Wunsch nach Ausgrenzung. Das ist aber eine extrem fragile Tatsache, die ein nicht endendes Engagement für ein festes Fundament eines sicheren Miteinander voraussetzt. Wie empfindlich und brüchig dieses Fundament auch heute noch ist, haben wir in der ersten Hälfte der 90er Jahre schmerzhaft erleben müssen. Religionen und ihre Repräsentanten müssen den Menschen vorleben, daß es ihnen um ein *echtes* Miteinander geht.

Faßbinders Theaterstück »Der Müll, die Stadt und der Tod«, Mitte der 70er Jahre der große Einschnitt, provozierte die erste offensive Aktion der Frankfurter Jüdischen Gemeinde. Damals warst du schon in Frankfurt, auch schon im Gemeindevorstand. Kannst du sagen, was dieses Ereignis für dich bedeutete?

Die Auseinandersetzung spiegelte die veränderte Realität in der jüdischen Gemeinschaft wider: Sich zur Wehr setzen, auch öffentlich, wenn man annahm, daß Ungerechtigkeit entsteht. Das Problem des Stückes, seine grundsätzliche Schwäche, war nicht, daß darin Juden kritisiert wurden, sondern vielmehr, daß darin generalisiert wurde und eine Figur alle antisemitischen Negativklischees auf sich vereinigte, daß also antisemitisches Gedankengut auch vollständig in antisemitischer Sprache dargestellt wurde, ohne daß diesem Unsinn in dem Stück widersprochen worden wäre. Es gab also keine Auflösung dieser stereotypen Figur. Die andere Ebene war der Umgang des Theaters mit dem Stück und mit der Wahrhaftigkeit der eigenen Argumente. Der damalige Intendant Günther Rühle sagte zunächst, er wolle dieses Stück nicht aufführen. Dann hat er sich trotzdem dazu entschieden. Darauf gab es entsprechende Reaktionen, und das Theater entschied sich dann, öffentliche Diskussionen zu veranstalten und zu erklären, warum und wie das Theaterstück aufgeführt würde. Mit jeder dieser Veranstaltungen wuchs nun, und das ist die dritte Ebene, eine deutliche Stimmung und Spannung, die deutlich machte, daß der Zugang aller Beteiligten zum Stück fatal war. In dieser Phase kamen dann Äußerungen wie: Es müsse in Deutschland endlich wieder möglich sein, Juden auf der Bühne zu kritisieren. Oder: die Schonzeit sei vorbei. Während dieser Diskussionen wuchs dann das Unbehagen über diejenigen, die das Stück umsetzen wollten, über ihr mangelndes Verantwortungsbewußtsein und die Frage, wie gehen sie mit den Einwänden um. Traute man also diesen Leuten zu, das Theaterstück in eine Inszenierung zu packen, die die Schwächen und Risiken des Stückes kompensieren konnte? Es verdichtete sich immer deutlicher: Das Stück ist schlecht, kontraproduktiv, und es ist außerdem in schlechten Händen.

Mit anderen Worten: Hättest du einen entgegengesetzten Eindruck gehabt, dann hättest du unter Umständen gar nichts dagegen gehabt?

Wir hätten wohl immer etwas dagegen gehabt, daß auf deutschen Bühnen solche Texte gesprochen werden, aber der Konflikt hätte sich nicht so zugespitzt. Wenn wir diesen Text, so wie er war, mit einem Deckblatt versehen hätten, auf dem als Autor Franz Müller gestanden hätte, dann hätte jeder derjenigen, die für dieses Stück gekämpft haben, gesagt: Das ist ein antisemitisches Pamphlet, das bringen wir nicht auf eine deutsche Bühne. Es gab also auch die Ebene Faßbinder, der in dieser Zeit eine Kultfigur war, und der konnte und durfte doch kein Antisemit sein! Ich habe tatsächlich ein paarmal einigen Leuten, die noch nicht wußten, um was es geht, das Stück zum Lesen gegeben und Franz Müller draufgeschrieben. Es gab immer genau diese Reaktion. Herr Dresen, der als Intendant Vorgänger von Rühle war, wollte dieses Stück nie spielen. Mit einer ganz banalen Begründung: Er sagte, das Stück sei schlicht und einfach schlecht.

Was hat dann die jüdische Gemeinschaft veranlaßt, anders als bis dahin üblich, den öffentlichen Konflikt zu suchen?

Konflikte, die die jüdische Gemeinschaft politisch, kulturell oder gesellschaftlich betreffen, müssen ausgestritten werden, und zwar öffentlich. Wie jeder Konflikt von anderen gesellschaftlichen Gruppen auch. Ich halte nichts davon, so etwas mit den beteiligten Personen hinter verschlossenen Türen lösen zu wollen. Die öffentliche Auseinandersetzung ist für mich ein Stück Emanzipation, ein Ausdruck von Selbstbewußtsein. Ich als Jude in diesem Land sage: Das paßt mir nicht, das gefällt mir nicht, und ihr müßt ertragen, daß ich das sage, und ich muß ertragen, was ihr mir entgegnet, und dann müssen wir uns eben streiten. In der Öffentlichkeit fand damals eine negative Enttabuisierung statt. Auch Kulturschaffende sprachen davon, die Schonzeit sei vorbei. Diese falsche Enttabuisierung mußte man bewußt machen. Es gibt Tabuzonen, und es ist auch richtig, daß es sie gibt. Auch das Theater befindet sich nicht in einem luftleeren Raum, zumal ein staatlich subventioniertes Theater. Wenn selbst in einem städtischen Theater solche Dinge ausgesprochen werden können, wie könnte ich dann in Zukunft auf einen Neonazi, der nichts anderes tun würde, als aus diesem Stück zu zitieren, noch empört reagieren? Schließlich kam noch eine problematische und verlogene Diskussionsebene hinzu: Wer nämlich, wurde gesagt, gegen die Aufführung des Stückes sei, sei gegen die Freiheit der Kunst. Das war natürlich Unsinn, denn wer sich entscheidet, etwas zu veröffentlichen oder zu inszenieren, der muß auch zu seiner Entscheidung stehen und damit den Konflikt ertragen. Abgesehen davon ist die Freiheit der Kunst, selbst nach unserer Verfassung, keine absolute. Das oberste Prinzip unseres Grundgesetzes lautet: Die Menschenwürde ist unantastbar. Damit entsteht ein Spannungsfeld zu allen anderen Freiheiten – von der Pressefreiheit bis zur Freiheit der Kunst –, und wenn es Konflikte gibt, dann müssen Abwägungsprozesse stattfinden. Und die Frage, um die es damals bei Abwägung aller Argumente und Betroffenheiten ging, war: Wozu entscheidet sich diese Gesellschaft freiwillig, in Eigenverantwortung? Entscheidet sie sich dafür, zu sagen: Wir wollen die Betroffenheit derjenigen, die in diesem Stück stereotyp angegriffen werden, respektieren und verzichten deswegen auf den Anspruch, das Stück zu spielen, oder tun wir das nicht?

Welche Rolle hast du ganz persönlich dabei gespielt?

Mit meinen Freunden im Gemeindevorstand war ich der Motor des Widerstandes. Die Gemeinde folgte uns sehr schnell und war erleichtert, daß wir uns in dieser Frage so aktiv und militant bewegten. Es war eine ganz wichtige emanzipatorische Zäsur, unabhängig vom Ergebnis. Deutschland hat zum ersten Mal erlebt, daß das Judentum in diesem Land bereit ist, einen Konflikt auch nach außen zu tragen und bis zu einem Ergebnis durchzufechten. Damals gab es im Gemeindevorstand drei Personen, die das zu tragen hatten. Das waren Herman Alter, Ignatz Bubis und ich. Wir übernahmen verteilte Rollen: Ich hatte die gesamte Öffentlichkeitsarbeit zu leisten, Ignatz Bubis hat die politische Seite gemanagt. Als dann die Premiere angesetzt wurde, bekam die jüdische Gemeinde nur zehn Karten. Das war für uns ein Problem, denn wir hatten uns entschlossen, unserem Unmut im Theater Ausdruck zu verleihen und gegebenenfalls die Bühne zu besetzen. Wir haben also – jetzt, da dieses Delikt verjährt ist, kann ich es ruhig erzählen – diese zehn Karten genommen und einfach siebzig Karten nachgedruckt! Damit haben wir sehr viele Leute von uns ordnungsgemäß ins Theater reingeschleust. Ich bin dankbar, daß ein Mann wie Ignatz Bubis, der damals ja keine sonderliche Demo-Erfahrung hatte, das nicht nur mitgetragen hat, sondern sogar ein Motor des ganzen war und sich mit auf diese Bühne gestellt hat. Es ging damals, im Selbstverständnis der jüdischen Gemeinschaft, um eine ganz grundsätzliche Weichenstellung für die Zukunft – nämlich zu sagen: Wir wollen uns engagiert in einen Konflikt einbringen und, solange es geht, nicht weichen. Das war ein Signal auch für die nichtjüdische deutsche Bevölkerung, daß da etwas ganz Neues passiert. Ich glaube heute, daß diese Zeit uns allen eine völlig neue und veränderte Identität gebracht hat. Es war übrigens auch der Durchbruch im Zusammenspiel der Generationen: Diese Demonstration damals wurde von allen drei Generationen der jüdischen Gemeinschaft getragen. Meine Mutter stand da, ich stand da, und noch viel jüngere. Das war für viele Hunderte Mitglieder der jüdischen Gemeinschaft, die den Holocaust überlebt hatten, die erste Demonstration, auf der sie je waren! Es war nachts, es gab unheimlich viel Polizei, und es drohte zu Konflikten mit Neonazi-Demonstranten, aber auch mit Linksradikalen zu kommen. Ich habe zum Beispiel nicht vergessen, daß Jutta Ditfurth dort mit einem Plakat demonstrierte, das die Bücherverbrennung der Nazis mit unserer Demonstration gegen die Aufführung des Stückes in Zusammenhang brachte! Ich werde nicht vergessen, daß viele Linke uns bekämpft haben, nach dem Motto: Wir lassen die Freiheit der Kunst nicht niedermachen. Danach hat es viele Lernprozesse gegeben, und alles kam in Bewegung. Seitdem wurde das Stück noch einmal in einem New Yorker Off-Off-Broadway-Theater gespielt, dort aber nach wenigen Tagen abgesetzt. Der Skandal jedenfalls war einer der ganz wesentlichen Schnittpunkte im neuen Rollenverständnis jüdischer Menschen bezüglich ihres Verhältnisses zu Nichtjuden. Wir haben in Frankfurt damit begonnen und das konsequent fortgesetzt, indem wir seitdem alle Konflikte auch öffentlich austragen.

Frankfurt war – zumindest bis vor kurzem, jetzt kommt Berlin hinzu – diejenige Stadt, mit der man am ehesten jüdisches Leben in Deutschland nach 1945 identifiziert hat. Vielleicht sagst du ein wenig zu deinem Verhältnis zu dieser Stadt, in der du Stadtverordneter und aktives Mitglied der Jüdischen Gemeinde bist.

Es gibt zwei Städte, wo das Leben auch gegenwärtig noch ganz deutlich auch von den jüdischen Bürgern geprägt ist, das sind Berlin und Frankfurt. Man geht in Frankfurt nirgends hin, ohne auf das jüdische Erbe zu stoßen. Das beginnt bei Bürgermeistern wie Ludwig Landmann, der zum Beispiel, lange bevor es überhaupt den sozialen Wohnungsbau gab, in der ersten Hälfte dieses Jahrhunderts die ersten Sozialsiedlungen aufgebaut hat, oder FAZ-Gründer Leopold Sonnemann, oder die Universität und das Senckenberg-Museum – gegründet von Juden, das geht bis zu wissenschaftlichen Instituten und zu den Rothschilds, die aus Frankfurt stammten und ein umfangreiches Mäzenatentum begründet haben. Die Tradition des Judentums in dieser Stadt und seine Wirkung sind sehr bedeutsam. Wenn du als Jude in dieser Tradition in der Stadt lebst, dann bist du, wie alle anderen Bürger auch, davon

51

permanent berührt und bewegt. Wir als Jüdische Gemeinde Frankfurt wissen, daß wir nie mehr an frühere Verhältnisse anschließen können werden, als diese Stadt zehn Prozent jüdische Bürger hatte: 300 000 Frankfurter, davon 30 000 jüdischen Glaubens, das werden wir nie mehr erreichen. Aber wir versuchen in diesem Geist der Citoyens, des aktiven Bürgers, die Jüdische Gemeinde wieder aufzubauen.

Wie kommt es, daß dieses Engagement in Frankfurt besonders stark ist?

Die Rolle Frankfurts nach dem Krieg war sehr dynamisch. Frankfurt war die eigentliche Hauptstadt Deutschlands. Hier wurden die wichtigen politischen, wirtschaftlichen, Finanz- und Handelsfragen entschieden. Frankfurt war bis zur Vereinigung die einzige internationale Stadt in Deutschland. Frankfurt ist die Stadt der Buchmesse, der Frankfurter Schule, und Frankfurt war die schnellste und lebendigste Stadt. Sie gab viele Impulse für die Republik. Die jüdische Gemeinschaft ist natürlich ein Teil dieser Stadt, auch ein Teil dieser Dynamik. Die Jüdische Gemeinde Frankfurt ist die Gemeinde mit dem jüngsten Durchschnittsalter in Deutschland. Fast vierzig Prozent unserer Mitglieder sind nach dem Krieg geboren, und fast zwanzig Prozent gehören schon der dritten Generation an. Die Gemeinde in Berlin litt in den 60er, 70er und 80er Jahren unter Überalterung. Sie erlebt erst jetzt, u. a. durch die Zuwanderung aus der ehemaligen Sowjetunion, eine Erneuerung.

Wie hat sich die jüdische Gemeinschaft seit 1945 verändert?

Nach der Befreiung aus den Konzentrationslagern ging es erstmal darum, zu sagen: Wir wollen unser Leben leben, wir wollen nicht auffallen, wir wollen keine Konflikte. Wenn es Konflikte gibt, dann müssen wir sie intern lösen, die Antisemiten und Nazis leben noch mitten unter uns. Es war ein ängstliches, zurückhaltendes und ein ambivalentes Leben, und so waren auch unsere Repräsentanten. Das mußte dann in den 70er und 80er Jahren verändert werden, als deutlich wurde, daß die Vorstellung von einem Provisorium Jüdische Gemeinschaft in Deutschland nicht mehr real, nicht mehr haltbar war, weil die Holocaust-Generation Kinder in die Welt gesetzt hatte und diese Kinder in Deutschland lebten. Damals wurde deutlich: Wir sind ein Teil der Gesellschaft, wir müssen also den Dialog führen, sonst verarmen wir und können die Mißstände außerhalb der Gemeinde nicht mitdiskutieren und positiv beeinflussen. Das war dann für die Gemeinde Frankfurt die zweite Phase, als Ignatz Bubis und ich gewählt wurden. Wir haben uns entschieden, mit dem Bau eines Gemeindezentrums deutlich zu machen, was längst Realität war: daß wir nämlich kein Provisorium mehr sind – wir wissen nicht, wie lange wir bleiben, aber wir wissen jedenfalls, daß wir da sind. Und so lange wir da sind, haben wir dies auch mit der bestmöglichen Infrastruktur umzusetzen und symbolisch darzustellen. Wir wollen den Dialog offen und offensiv führen, nicht nur Reaktion sein, sondern auch Aktion werden. Wir haben daneben die Öffnung zur Gesellschaft engagiert betrieben. Ich habe als Kulturdezernent das Prinzip der öffentlichen Veranstaltungen eingeführt, die damit nicht mehr allein für unsere Gemeindemitglieder stattfanden. Wir haben gesagt: Wenn wir etwas veranstalten, dann kann jeder kommen. Damit wurden wir Gastgeber, nicht mehr nur Gäste. Das bedeutete: Jüdische Kultur ist nicht nur die Auseinandersetzung mit dem Holocaust, sondern das gemeinsame Erleben von Juden und Nichtjuden der reichen und vielfältigen jüdischen Kultur. Dabei konnten sich die Menschen begegnen, sich unterhalten und auch schmerzhafte Fragen berühren. Heute begrüßen wir über 60 000 Besucher pro Jahr bei unseren Veranstaltungen. Wir haben mit Marcel Reich-Ranicki seit fünf Jahren die wichtigste Literaturreihe Deutschlands aufgebaut, in der wir auch nichtjüdische Autoren wie Günter Grass, Siegfried Lenz, Martin Walser oder Will Quadflieg vorstellen. Wir nehmen unsere gesellschaftliche Rolle an und sagen: Das Judentum ist auch ein Zentrum kultureller Auseinandersetzung innerhalb dieser Gesellschaft.

Frankfurt ist ja auch die Stadt gewesen, in der es die lebendigste Studentenbewegung gegeben hat. Aus dieser Studentenbewegung ist die Grüne Partei hervorgegangen. Nicht Berlin oder Köln oder Hamburg waren die treibende Region, sondern Frankfurt. Man

53

identifiziert das ja auch mit drei oder vier Namen. Welche Beziehung hattest du zu dieser Kultur?

Ich hatte damit einen offenen Umgang. Es gab auch in der jüdischen Gemeinde viele junge Mitglieder, die stark zur Linken tendierten. Leute wie Dani Diner und Micha Brumlik haben den Konflikt der Linken auch innerjüdisch ausgetragen. Sie hatten vor allem eine kritische Einstellung zum Staat Israel und zur Palästinenserfrage. Das hat die Gemeinde damals furchtbar erschrocken.

Ihr hattet also auch 68er?

Wir hatten viele 68er, auch solche, die aus Frankreich kamen, einer davon war Dani Cohn-Bendit. Die Gemeinde mußte sich der Tatsache stellen, daß ein Teil der linken Bewegung dem Antizionismus und einem sehr kritischen Israelbild nahe stand. Das veränderte sich, als sie gemerkt haben, daß sie mißbraucht wurden und daß dieser Antizionismus jedenfalls teilweise die Form war, wie sich linker Antisemitismus ausdrückte. Aber anfangs gab es natürlich heftige Diskussionen. Ich war damals im Bundesvorstand Jüdischer Studenten in Deutschland konfrontiert mit diesem Antizionismus an den Universitäten und mit einer, was ihr Verhältnis zum Judentum betraf, sehr militanten Linken. Die Linke operierte ja ebenfalls mit antisemitischen Stereotypen, zum Beispiel dem Juden als Wirtschaftslenker. Da gab es manche Schnittpunkte zwischen linksextrem und rechtsextrem. Das alles mußten wir als jüdische Studenten innerhalb der Studentenbewegung tragen und uns dem stellen.

Warst du damals politsch schon eher konservativ orientiert?

Ich war bis zu meinen 25. Lebensjahr nicht parteigebunden und auch nicht einzuordnen. Diese Entscheidung kam später. Auch heute bin ich noch, obwohl ich einer Partei angehöre, für alle Argumente offen. Ich diskutiere viel lieber mit Leuten, die eine andere Position haben als mit Leuten, die mir zunicken. Es gibt nichts Langweiligeres als Zustimmung.

Es gibt in Deutschland mittlerweile fünf Jüdische Grundschulen. Du hast im Zusammenhang mit dem Zentralrat mit diesen Schulen zu tun. Hältst du diesen Weg, eigene Schulen für jüdische Kinder einzurichten, für einen guten und richtigen Weg in der deutschen Gesellschaft?

Die Frage ist grundsätzlich: Sind konfessionelle Schulen erstrebenswert? In der Praxis haben traditionell alle Religionsgemeinschaften, katholisch wie protestantisch, eigene Schulen. Warum soll also die jüdische Gemeinschaft keine haben? So gesehen bejahe ich das. Ein zweiter Grund ist, daß jüdische Kinder, die als Minderheit unter einer konfessionell anderen Mehrheit leben, Wissen darüber vermittelt bekommen müssen, was Judentum ist, damit sie in dieser nichtjüdischen Umwelt bestehen können. Ich plädiere für eine wissende, bewußte und selbstbewußte jüdische Identität, und die darf sich Kindern nicht aus einem Antisemitismus heraus vermitteln, sondern aus dem reichen Wissen über jüdische Religion, Kultur und Tradition. Wir haben zudem in Frankfurt das Prinzip, daß die Jüdische Schule, die ja ansonsten, weil sie staatlich anerkannt ist, einem normalen Curriculum folgt, ganz bewußt auch nichtjüdische Kinder aufnimmt. Die Erfahrung damit ist seit zwanzig Jahren mehr als optimal. Nichtjüdische Kinder können entscheiden, ob sie am jüdischen Religionsunterricht teilnehmen oder nicht – was ich selbst auf dem deutschen Gymnasium, einer staatlichen, also eigentlich nichtkonfessionellen Schule, auch immer entscheiden mußte. Da wurde nur katholisch und evangelisch angeboten, und ich stand außen vor. Übrigens entscheiden sich bei uns die meisten nichtjüdischen Kinder dafür, im jüdischen Religionsunterricht zu bleiben. Das ist wichtig, weil sie damit lernen, was Judentum ist. Die Jüdische Schule ist also nicht Ausdruck eines Wunsches nach Ghettoisierung, sondern im Gegenteil Beweis der Integrationsfähigkeit der jüdischen Gemeinschaft.

In Berlin ist jetzt auch das erste Jüdische Gymnasium auf dem Weg, es baut sich von unten auf. Hältst du auch das für richtig, also eine Art jüdische Schulerziehung bis zum Abitur?

Wenn diese Erziehung sich nicht dadurch auszeichnet, daß nur jüdische Kinder daran teilnehmen – warum nicht? Mir ist es wichtig, daß Kinder nicht im Ghetto aufwachsen, sondern in einer Realität, in der das Judentum nicht die einzige Religion ist und daß sie erfahren, daß es mehrere gleichberechtigte Religionen gibt. Wenn diese Offenheit gegeben ist, dann ist für mich ein katholisches Gymnasium, ein evangelisches Gymnasium oder ein jüdisches Gymnasium völlig in Ordnung. Zumal es eben nur ein Angebot ist. Die Eltern könnten ihr Kind auch auf ein weltliches Gymnasium schicken. Auch unsere weltlichen Gymnasien und Volksschulen sind allerdings durchaus nicht religionsneutral. Einer der Irrtümer im Bewußtsein unserer Republik ist, der Verfassungsgrundsatz der Trennung von Religion und Staat sei Realität. Im Gegenteil! In den Schulen herrscht ein Grundverständnis, demzufolge Religionsunterricht ein christlicher zu sein habe. Erst wenn also kein obligatorischer Religionsunterricht mehr an den Schulen angeboten würde, dann wäre der Verfassungsgrundsatz wirklich realisiert. Jeder Bürger kann dann ja nach freier Entscheidung seine Kinder in den Religionsunterricht schicken, den er für richtig hält und der sowieso von den Religionsgemeinschaften angeboten wird.

Wie war es in deiner Familie mit der Bedeutung der jüdischen Religion?

Mein Vater kommt aus einer frommen Familie, und auch meine Großeltern mütterlicherseits lebten nach der Orthodoxie. Die Erlebnisse des Krieges und der Verfolgung haben dann bei meinen Eltern zu einem eher traditionell gelebten religiösen Alltag geführt, und sie leben also nicht mehr täglich nach allen Gesetzen der Religion. Aber wenn ich mit meinem Vater an einem hohen Feiertag in die Synagoge gehe, dann spüre ich die tiefen Wurzeln, die sein Verhältnis zur Religion bestimmen. Auch dieses Verhältnis hat, wie bei vielen, mit den Ereignissen des Krieges einen Riß erlitten.
Ich selbst habe eine starke emotionale Verwurzelung in den Traditionen. Ich bin dankbar, daß es doch noch viele gibt, die entsprechend der Orthodoxie leben, weil ich glaube, daß diese der Kern der jüdischen Religion ist. Das Judentum hat nicht überlebt, weil es verfolgt war – deswegen überlebt eine Religionsgemeinschaft nicht –, sondern weil es immer wieder genügend Menschen

gab, die den Reichtum der Religion und die daraus entstehenden kulturellen, ethischen und traditionellen Alltagswerte empfunden und fortgeführt haben. Die Gründung des Staates Israel bietet zwar die staatliche Garantie, daß das Judentum sich bewahren wird, aber dies kann nicht Ersatz für das Spirituelle und Religiöse sein. Die jüdische Religion birgt eine sehr hohe ethische Qualität in sich, sie ist eine Religion für Menschen, sehr stark diesseitsbezogen.

Wie wichtig sind Religionen?

Religionen haben in der Menschheitsgeschichte immer eine bedeutsame und prägende Rolle gespielt – im guten wie im schlechten Sinn. Gerade die drei monotheistischen Weltreligionen haben den Versuch unternommen, Werteimpulse im Zusammenleben der Menschen zu formulieren. Ob das die Zehn Gebote im Judentum sind oder im Islam und Christentum Verhaltensregeln, all dies sind Versuche, menschliches Leben human zu ordnen und zu gestalten.

Wo siehst du die grundlegenden Gefahren?

Gefahr besteht dabei immer dann, wenn eine Religion einen Allmachtsanspruch formuliert, sich als besser als die anderen definiert und aus diesem Grund Andersgläubige missioniert; wenn Religionsvertreter Machtspiele beginnen und sich dafür mit der weltlichen Macht verbünden; wenn Intoleranz – auch innerhalb der eigenen Glaubensgemeinschaft – dominiert. Politischer Mißbrauch von Religionen, wie jetzt mit dem mörderischen Fundamentalismus im Islam oder dem jahrzehntelangen Terrorismus in Nordirland, darf aber nicht mit der Religion an sich verwechselt werden.

Gab es in deinem Leben wichtige Rabbiner?

Ja. Dr. Isaak Emil Lichtigfeld, Landesrabbiner in Hessen und Frankfurt, in meiner Kindheit schon ein älterer Mann, hat mich mit der Güte und gleichzeitigen Autorität seiner Persönlichkeit sehr beeindruckt. Er war ein Mann mit hohem ethischem Anspruch, dem ich immer Fragen stellen wollte, weil ich auf seine Antworten gespannt war. Im Judentum steht nicht der Titel, sondern die Person im Vordergrund. Man geht in die Synagoge, betet zu Gott, aber eine Überrolle des Rabbiners gibt es nicht. Entscheidend sind der Respekt vor dem Wissen und der Glaubwürdigkeit des religiösen Anspruchs und Lebens des Rabbiners.

Das klingt so ganz anders als die vergleichbaren Erfahrungen von nichtjüdischen deutschen Jugendlichen, die ja in dem Alter meistens erst einmal gegen die konventionellen Autoritäten von Kirche und anderen aufbegehren...

Ja, weil das Judentum Persönlichkeiten im Amt anerkennt, Autoritäres aber nicht. Die christliche Kirche ist autoritärer ausgerichtet, weil die Rolle des Priesters eine andere ist.

Die Kirchen sind Gotteshäuser, die Synagogen aber Gemeindehäuser...

Gottes- und Gemeindehäuser gleichzeitig. Ein Rabbiner sollte nach jüdischem Verständnis verheiratet sein, er sollte Kinder haben, weil er das Leben seiner Gemeindemitglieder zu begleiten hat. Ein Priester dagegen muß, jedenfalls im Katholizismus, im Zölibat leben. Das sind also grundsätzlich verschiedene Ansätze in der Frage: Was hat ein Mensch, der ein Diener Gottes sein will, in seinem eigenen Leben zu erfahren, darzustellen und umzusetzen? Man erlebt als jüdisches Kind also, völlig unabhängig davon, ob man religiös ist oder nicht, die Rolle des Rabbiners, jedenfalls eines guten Rabbiners, primär menschlich. Demgemäß entwickelt sich erstmal keine grundsätzliche Abwehrhaltung.

Das Christentum hat eine jahrhundertelange Tradition des Antijudaismus...

Nach der Kreuzigung von Jesus Christus begann, spätestens im 4. Jahrhundert n. Chr. – neben all dem, was ich nicht zu bewerten habe, weil ich andere Religionen nicht kritisieren möchte – die von der institutionellen Kirche getragene Lüge, die Kreuzigung sei eine Tat von Juden gewesen. Im klaren Bewußtsein wohlgemerkt, daß diese Behauptung eine Lüge war! Damit begann der Mißbrauch der

Gläubigen, und damit begann auch das tradierte antijüdische Prinzip der Kirchenmacht. Dieses antijüdische Prinzip hat in den vergangenen Jahrhunderten millionenfaches Unglück gebracht. Auch die weltliche Macht nutzte die tradierten Vorurteile für ihre Zwecke. Man darf nicht vergessen, daß es zwar von der Nationalität her Deutsche waren, die im Hitlerregime geplant, gemordet und weggesehen haben. Was ihre Religion angeht, waren die meisten von ihnen aber Christen! Ich frage mich bis heute, wieso nicht die religiöse Ethik – wenn schon nicht die politische – diese Menschen von ihren Taten abgehalten hat! Im Verhältnis von Islam und Judentum gibt es dies nicht. Zwar gab es vereinzelte Phasen, in denen Vertreter einer anderen Religionsgemeinschaft während ihrer Machtzeit antijüdische Elemente eingeführt haben, aber nicht die strukturelle, organisierte und über Jahrhunderte tradierte Haltung gegen diese Religion. Erst seit dem Zweiten Vatikanischen Konzil, Anfang der 60er Jahre, hat sich diese Frage im Verhältnis zwischen Juden und Katholiken grundlegend gewandelt. In der Bundesrepublik Deutschland haben sowohl die evangelische wie auch die katholische Kirche seit den 50er Jahren viele Impulse einer Umkehr eingeleitet. Es ist die wichtigste zivilisatorische Aufgabe der großen Religionen, den Menschen vorbildlich vorzuführen, daß sie sich stets mit Respekt und Gleichberechtigung zu behandeln haben, daß sie versuchen müssen, Verständnis auch und gerade für Andersgläubige zu entwickeln, daß sie untereinander nicht dominieren wollen und sich von der politischen Macht weder instrumentalisieren lassen noch diese instrumentalisieren.

Das christliche Selbstverständnis geht aber doch mit dem Missionsgedanken einher. Missioniert das Judentum nicht?

Nein, das Judentum missioniert nicht. Es schottet sich übrigens auch nicht ab, wie ihm gelegentlich unterstellt wird. Jeder kann zum Judentum konvertieren. Die Konversion ist allerdings schwierig, weil sich das Prinzip widerspiegelt: In eine andere Religion einzutreten, das ist ein solcher Identitätssprung, daß man ihn sehr genau durchdenken sollte. Der Vorgang der Konversion ist deshalb im Judentum so organisiert, daß man zwei oder drei Mal vor einem Rabbinatsgericht diesen Wunsch äußern muß. Man wird geprüft, ob das Wissen über diese Religion vorhanden ist: Bist du dir über Inhalt und Form des Judentums bewußt? Wie bist du emotional eingestellt? Dann erfolgt natürlich die Konversion und übrigens sehr viel öfter, als man annimmt, auch in Deutschland. Das Grundverständnis ist aber: Da ich respektiere, daß ein anderer Mensch einen anderen Glauben hat, missioniere ich nicht aktiv und versuche nicht, diesen Menschen von seinem Glauben abzubringen. Der Missionsgedanke der christlichen Religionsgemeinschaften hat über die Jahrhunderte immer dann zu Leid und Unglück geführt, wenn die organisierte Kirche denjenigen, die sich nicht freiwillig missionieren lassen wollten, die Konversion mit weltlicher Gewalt aufgezwungen hat. Dies passierte beispielsweise bei den Kreuzzügen und in der spanischen Inquisition. Man wird also im christlich-jüdischen Dialog noch einen sehr langen und engagierten Weg gehen müssen, um trotz früherer Fehlleistungen eine gefestigte gemeinsame Plattform errichten zu können, die religiöse Vorurteile beseitigt. Ein konstruktiver Schritt ist deswegen der Beschluß der Evangelischen Kirche Deutschlands, die Judenmission ausdrücklich aufzugeben. Wie problematisch diese Entscheidung auch heute noch ist, zeigt die Tatsache, daß nicht alle Mitglieder der EKD diese für richtig halten.

Das wäre ein guter Merksatz ins Stammbuch christlich-demokratischer Parteimitglieder!

Für alle Christen. Das Christentum ist parteiübergreifend. Auch der Protestantismus war in Teilen antijüdisch eingestellt, gelegentlich sogar noch schlimmer. Denk' zum Beispiel an das üble Pamphlet Luthers gegen die Juden...

Einer der großen Theaterskandale der Nachkriegszeit war Rolf Hochhuths Theaterstück »Der Stellvertreter« über die Rolle der Kirche in der Nazizeit...

Wo war denn die christliche Geistlichkeit, bis hin zum Papst, während der Nazizeit? Einige wenige engagierten sich für die Menschlichkeit und Gottes Wunsch, daß alle Menschen zu schützen seien. Was bedeutete denn das Konkordat mit Hitlerdeutschland, das bis 1945 auch nie aufgekündigt wurde, trotz Kenntnis von Judenverfolgung und KZs, und welches Signal bedeutete dieses Handeln für einige Millionen Christen in Deutschland? Ich bin der Überzeugung, daß, wenn sich die Kirchen und der Papst von Anfang an offensiv gegen Hitler gestellt und demonstrativ mit dem Judentum solidarisiert hätten, es nicht zu einer systematischen Vernichtung des europäischen Judentums gekommen wäre! Selbst nach 1945, als das Ausmaß der Katastrophe jedem bekannt war, konnten Hunderte von Ex-Nazis mit Pässen des Vatikans nach Südamerika flüchten und sich dadurch der Strafverfolgung entziehen. All das hat Hochhuth in seinem wichtigen Stück »Der Stellvertreter« hinterfragt. Daß Rolf Hochhuth dies bereits Anfang der 60er Jahre öffentlich in einem Theaterstück dargestellt hat, brach viele Verschlußsachen im Bewußtsein der christlichen Bevölkerung der Nachkriegs-Bundesrepublik auf.

In vielem, was du gesagt hast, geht es um verdeckte und offene Formen von Antisemitismus. Es gibt aber auch das entgegengesetzte Phänomen, nämlich den in den letzten Jahren auch in Deutschland auftretenden Philosemitismus. Ist das für dich eine Erfahrung?

Philosemitismus ist nicht besser als Antisemitismus. Ein frustrierter Philosemit ist ein potentieller Antisemit. Beide haben gemeinsam, daß sie mich nicht wie jeden anderen Menschen behandeln. Der eine sagt: die Juden sind klug, und bewertet das positiv. Der andere sagt: die Juden sind klug, und wertet das als Gefahr. Für mich ist beides unerträglich, denn mit dem Satz »Alle Juden sind...« beginnt die Diskriminierung. Ich habe Philosemiten kennengelernt, die auf mich zugekommen sind in der Hoffnung, daß ich ihnen Antworten auf ihre Fragen geben kann, weil ja Juden auf alles eine Antwort wissen. Als ich mich zum Beispiel direkt nach dem Studium als junger Anwalt selbständig gemacht hatte, kam der Vorstand eines multinationalen Milliardenunternehmens in meine Kanzlei. Er trug mir ein unternehmerisch-rechtliches Problem vor, das für seine Firma Konsequenzen in Millionenhöhe hatte. Als ich ihn fragte, warum er, der sich doch der größten Kanzleien der Welt und der erfahrensten Anwälte bedienen könne, sich ausgerechnet an mich jungen, noch relativ unerfahrenen Anwalt wendete, erhielt ich zur Antwort: Es sei doch bekannt, daß Juden in kniffligen Finanzangelegenheiten jahrtausendealte Erfahrungen hätten. Ich habe das Gespräch daraufhin beendet. So etwas findet sich auch im Journalismus. Der Philosemit wird Saul Bellow oder Philipp Roth, wenn sie ein neues Buch schreiben, bewundernd als »den jüdischen Autor Philipp Roth« vorstellen. Er würde aber nie schreiben: »der katholische Autor Günter Grass». Der Antisemit tut das, um zu diskriminieren, der Philosemit, um zu loben. Man soll, wo es vom Inhalt her eine Berechtigung hat, den Autor als Juden beschreiben. Nehmen wir zum Beispiel unser Buch: Da ist das selbstverständlich, weil es ein Stück des Inhalts ist. Aber in den meisten Fällen ist diese Information eine Wertung, die mit dem Inhalt des Kunstwerks in keinerlei Zusammenhang steht. Ich habe mir in solchen Fällen angewöhnt, die Frage zu stellen: Wäre an gleicher Stelle auch von dem katholischen Autor oder dem katholischen Musiker die Rede gewesen? Wenn ich das bejahen kann, bin ich entspannt, wenn nicht, dann weiß ich, daß sich dort ein gestörtes Verhältnis zum Judentum ausdrückt.

Spielen jüdische Schriftsteller, Theoretiker oder Künstler eine besondere Rolle für deine Sozialisation? Oder sind Fragen der Nationalität oder religiösen Zugehörigkeit dabei für dich sekundär gewesen?

Mich interessiert primär das Werk eines Künstlers. Ich lese nicht vorher, ob der Autor katholisch, evangelisch, moslemisch oder religionslos ist. Ich richte mich auch nicht primär nach der Frage, ob es ein französischer, amerikanischer oder italienischer Autor ist. Dasselbe gilt für Musik oder Theater. Ich bin froh, in meinem Leben Kunst aus der ganzen Welt genießen zu können. Natürlich gibt es eine aktive Berührung mit den Kulturkreisen, in denen ich mich jeweils befinde, und da spielt die religiöse und kulturelle Beschäftigung mit dem Judentum eine große Rolle. Die Biographie eines Künstlers ist für mich ein Stück Erklärung zum Werk, aber nicht die Voraussetzung, um ein Werk zu beurteilen. Dennoch hat mich jüdische Kultur sehr bewegt. Isaac B. Singer, Elie Wiesel und Scholem Aleichem sind für mich besonders prägend gewesen. Ihre Mischung aus Melancholie, Witz und Ironie, immer gefärbt von der Sehnsucht nach Leben, begleitet mich auch persönlich ständig. Grundsätzlich ist Kultur für mich, wie überhaupt für Menschen unersetzbar: Wohlstand ohne Geist ist sinnlos und gefährlich. Wenn sich Deutschland in seiner Kulturpolitik nicht weiterentwickelt, wenn Kinder in ihrer Erziehung und in der Schule nicht mehr Kultur vermittelt bekommen, sollten wir uns über Verrohung nicht wundern. Ich wünsche mir, daß endlich Kunstunterrrricht so wichtig wird wie Mathematik.

Gibt es ganz konkrete Dinge, die für deine Entwicklung auf kulturellem Gebiet ausschlaggebend waren?

Das wichtigste Buch, das ich je gelesen habe, war »Alle Menschen sind sterblich« von Simone de Beauvoir. Wie ich überhaupt dem Existentialismus um Sartre in meiner Jugendzeit sehr nahe stand. Es ist eines der größten Geschenke, die man im Leben haben kann, wenn man ein Buch oder ein anderes Kunstwerk erlebt, von dem man spürt, daß es einem vieles bewußt macht und Fenster zu wichtigen Fragen öffnet. Ist es nicht ein Wunder, wenn man ein Buch liest, einen Film sieht, Musik hört, Bilder betrachtet, die einem dem Sinn des Menschen näherbringen? Die existentiellen Fragen Wer bin ich? Wozu lebe ich? Wer steuert mich? Wie selbstbestimmt entscheide ich? Wozu ist er Mensch fähig? Hat das Leben einen Sinn? haben mich immer beschäftigt. Leben ist für mich nicht Zufall, nicht Schicksal, sondern eine eigenverantwortliche Entscheidungskette, auch im Nichtentscheiden. Das kann ich an niemanden delegieren. Für mich macht Leben nur Sinn, wenn ich es mit anderen Menschen lebe und erlebe.

III

Weg in die Politik

Deine erste politische Funktion in Frankfurt war Stadtverordneter.
Wie waren die Reaktionen, die du erlebt hast?

Ich war der erste jüdische Abgeordnete in Deutschland, der auch durch seine jüdische Identität bekannt und positioniert war. Es gab und gibt ja im deutschen Parlament auch andere Juden, wie zum Beispiel einen der ersten Bürgermeister Hamburgs nach dem Krieg, Herbert Weichmann, aber bei mir kam dazu, daß ich mit meinem Judentum identifizierbar bin. Anfangs hatte ich Ängste, zurückgewiesen zu werden oder in einer politischen Debatte anti-jüdische Scheinargumente zugeworfen zu bekommen. Aber gerade diese Ängste zu überwinden, war für mich die Herausforderung. Auch die Konfrontation der nichtjüdischen Gesellschaft mit dieser Realität motivierte mich, es zu versuchen. Wenn es um jüdische Themen wie die Errichtung des Jüdischen Museums in Frankfurt ging, haben mich manchmal Kollegen zur Seite genommen, nach dem Motto: Du bist der jüdische Kollege, also der Spezialist. Wenn ich mich zu Fragen des Nationalsozialismus und dessen Bewältigung geäußert habe, wurde das oft abgetan mit der Bemerkung: Der muß ja so reden. Dennoch habe ich bei Diskussionen, die mit jüdischen Fragen nicht unmittelbar zu tun hatten, selten erlebt, daß man meine Position offen mit unqualifizierten Bemerkungen ab-zutun versucht hat. Dies änderte sich, als die NPD und die Repu-blikaner in die Parlamente einzogen. Die haben das immer wieder und bei jeder Gelegenheit offen hervorgeholt. Für die bin ich eine Reizfigur. Der Bundesvorsitzende der NPD fungiert, wenn er mich öffentlich beleidigt, als Vorbild und Motor für die untergeordneten Landesverbände. Das schlechte Beispiel macht Schule: Was man oben vorgibt, wird unten nachgemacht.

Würdest du das Experiment trotzdem als gelungen bezeichnen?

Uneingeschränkt ja. Im Frankfurter Stadtparlament sitzen heute jüdische Abgeordnete aller Parteien. Eine normalisierte Haltung in der Stadt und in der Gemeinde hat sich durchgesetzt. Dies ist ein Fortschritt. Und daß dies so ist, bereichert nicht nur die Stadt Frankfurt am Main, sondern auch die jüdische Gemeinde.

Macht sich diese Entwicklung auch auf anderen Feldern bemerkbar?

Auch in der Kultur und im Journalismus melden sich immer mehr Juden zu Wort. Dies ist natürlich auch das Ergebnis einer neuen Generation, die in Deutschland aufgewachsen und kulturell sozialisiert ist: Rachel Salamander in München mit ihrer jüdischen Literaturhandlung, der Theaterregisseur Benjamin Korn, Autoren und Journalisten wie Rafael Seligman, Maxim Biller, Chaim Schneider, Josef Joffe.

Gibt es zwischen Ignatz Bubis und dir aufgrund der unterschiedlichen Generationen auch Unterschiede in der Analyse politischer Realitäten?

Nein. Überhaupt nicht. Wir kennen uns seit über zwanzig Jahren. Ich bin mit ihm – und er mit mir – seit jetzt fast eineinhalb Jahrzehnten im Vorstand der Jüdischen Gemeinde Frankfurt tätig. Wir arbeiten zusammen im Zentralrat und sind uns in den grundsätzlichen Zielen einig: Eine bewußte jüdische Identität ist die Voraussetzung für eine selbstbewußte Integration in die Gesellschaft; es bedarf einer Öffnung der Gemeinde nach innen und nach außen, auf dem Fundament des Wissens darüber, was Religion und Tradition dem Judentum vermitteln. Daneben brauchen wir eine Modernisierung der Gemeinden, sowohl ihrer Infrastruktur als auch der von ihr diskutierten Themen.

Diese Frage hättest du wahrscheinlich etwas anders beantwortet, wenn ich nach dem Vergleich mit Heinz Galinski, dem langjährigen Vorsitzenden der Jüdischen Gemeinde in Berlin und Vorgänger von Ignatz Bubis im Zentralrat, gefragt hätte...

Galinski hatte eine andere Zeit zu bewältigen, die 50er, 60er und

70er Jahre. Ich bin dankbar, daß er so konsequent seine Position umgesetzt hat, die auf viele Nichtjuden vielleicht starr, stur und unangenehm wirkte. Aber genau das war der Beweis, daß er recht hatte. Er mußte sich in dieser Zeit noch mit den Mördern in unserer Gesellschaft auseinandersetzen, mit den Wegschauern, mit denen, die versucht haben, eine ganz dicke Wolldecke über ihre eigene, ganz persönliche Realität und Vergangenheit zu legen, und darauf schließlich eine Betondecke. Dazu mußte man einen entsprechenden Betonbrecher finden, und das war Heinz Galinski. Am Ende seiner Tätigkeit hatte er dann die Übergangsphase der Generationen zu bewältigen. In dieser Zeit waren quantitativ und qualitativ schon Generationen aufgerückt, die nach dem Krieg geboren wurden. Die Nachkriegsgemeinde Berlin schließlich ist ohne Heinz Galinski undenkbar.

Ignatz Bubis und ich empfinden in vielen Dingen ähnlich. Wir sind in den Jahren unserer Zusammenarbeit ein Team geworden. Ich habe viel von ihm gelernt. Ich habe von ihm gelernt, Geduld zu haben, und daß man für ganz bestimmte konkrete Projekte und politische Vorstellungen einen Kompromiß finden muß, und daß ein Kompromiß nicht gleichbedeutend ist mit einem faulen Kompromiß, sondern daß ein Kompromiß auch vernünftig sein kann – und daß vernünftig nicht gleich faul ist. Daß man versuchen muß, auszugleichen.

Daß dies nicht nur auf der politischen, sondern auch auf der menschlichen Ebene funktioniert, ist bei dem Generationenunterschied fast überraschend...

Ignatz Bubis kann mit jungen Menschen genausogut umgehen wie mit älteren, und ich habe kein Problem mit der älteren Generation. Ich bin der festen Überzeugung, daß man von älteren Menschen lernen kann. Deswegen habe ich auch sehr aktiv dafür gekämpft, daß er Vorsitzender des Zentralrats der Juden wird.

Das bringt mich auf ein Thema, das mich sehr interessiert, nämlich die Veränderung der jüdischen Gemeinden in den letzten Jahren, nach 1989, durch den Zuwachs aus dem Osten. Was passiert da eigentlich?

Zwei Dinge sind besonders bedeutsam. Das eine ist das quantitative Wachsen der bestehenden Gemeinden, das andere ist die Gründung neuer Gemeinden. Große Gemeinden werden noch ein Stück größer, aber mittlere Gemeinden wie Düsseldorf, Hamburg und andere erleben Quantensprünge. Eine Gemeinde, die knapp 1800 Menschen hatte, hat heute 3000. Es handelt sich natürlich nicht um hunderttausende Menschen, aber in Prozenten verdoppeln sich die Gemeinden fast. Die Gemeinde Düsseldorf hat aufgrund des Zuwachses aus den Ländern Osteuropas eine Größe wie vor dem Krieg erreicht. Andere Gemeinden wie Dresden, Leipzig oder Rostock sind neu gegründet worden. Es gibt also heute wieder in viel mehr deutschen Städten jüdisches Leben. Das ist gut so, hat aber auch qualitative Herausforderungen geschaffen, denn die Menschen, die gekommen sind, bringen ihre eigenen Lebenserfahrungen mit. Die meisten Menschen im Osten haben ihr jüdisches Leben nicht leben dürfen, weil in den Diktaturen Osteuropas die Religionsfreiheit eingeschränkt war und weil es in Rußland oder Polen einen alltäglichen Antisemitismus gab. Wenn man jüdisch leben wollte, mußte man dies im Untergrund tun. Gleichzeitig kommen aber auch Menschen mit einem hohen kulturellen Bildungsgrad zu uns, Musiker, Schriftsteller, Lektoren. Das ist eine große Bereicherung.

Wie sieht die Integrationsarbeit der jüdischen Gemeinden überhaupt aus?

Das beginnt zuerst einmal in sozialen Bereichen: Wohnung, Sprachunterricht, menschliche Integration. Mitglieder unserer Gemeinde laden die Neuen zu sich nach Hause ein. Die Integrationsfähigkeit und -lust erreicht ihren Erfolg, weil sich neben den offiziellen Gemeindevertretern auch die Gemeindemitglieder engagieren. Auch in die jüdischen Gemeindeparlamente werden die Neueinwanderer in der letzten Zeit gewählt.

Als Außenstehenden interessiert mich vor allem dieser »clash of civilizations«, der hier stattfindet.

Die Nachkriegsgemeinden sind überweigend von Überlebenden der Konzentrationslager aus Osteuropa, etwa aus Polen, Ungarn

67

und der Tschechoslowakei, gegründet worden. So gesehen, ist für sie das Aufeinandertreffen verschiedener Zivilisationen und Kulturen nichts Neues. Die Effektivität der Integration – auch die in der gesamten Bundesrepublik Deutschland – hängt von der Führung ab und den Impulsen, die sie setzt. Wenn man, als Führung und Vorbild, eine solche positive Haltung einnimmt und damit signalisiert: Wir können uns gemeinsam dafür einsetzen, daß Menschen Freiheit erleben können – dann beeinflußt man damit auch die Grundstimmung. Wir haben als Verantwortliche immer allen Gemeinden und Gemeindemitgliedern deutlich gemacht, daß diese Menschen aus freier Entscheidung zu uns gekommen sind, weil es ihnen schlecht ging und sie als Juden verfolgt wurden. Jetzt, wo sie da sind, hat es überhaupt keinen Sinn, darüber zu diskutieren, von wo sie kommen, warum sie da sind oder wo sie hätten sein sollen. Wir haben vielmehr alles zu tun, daß sie, solange sie in Deutschland sein wollen, ein menschenwürdiges Leben erleben können, und zwar als Juden, als Frankfurter oder Münchner, eben als Menschen. Wir als Verantwortliche müssen also überlegen: Was können wir machen, um das zu verwirklichen?

Haben die Zugewanderten typische Probleme, wenn sie nach Deutschland kommen?

Sie müssen lernen, wie es ist, frei zu sein, mit Konsum umzugehen, mit dieser Gesellschaft Bundesrepublik Deutschland. Sie erleben eine Art »Kulturschock«. Es ist ja durchaus nicht alles gut, was sie hier in der Freiheit sehen: Wir haben eine gesellschaftliche Entsolidarisierung und einen Materialismus, den sie so nicht kennen. Wir haben zudem eine ganz andere Werteskala von Erfolg und Nichterfolg. Teilweise müssen wir es uns gefallen lassen, daß sie das, was wir als Erfolg erleben, hinterfragen. Ich empfinde das als bereichernd. In Frankfurt werden im kulturellen Bereich, seit diese Einwanderung stattfindet, erstmals wieder Veranstaltungen organisiert, bei denen unsere neuen Mitglieder aktiv das gesamte Kulturprogramm bestreiten: klassische Konzerte, Ausstellungen, Lesungen. Übrigens haben wir nie aktiv gefördert, daß sie nach Deutschland kommen. Das Ziel sollte eigentlich Israel sein. Es gab von seiten des Zentralrats oder der Gemeinden nie die aktive Politik, die Gemeinden durch eine »Einwanderungsakquisition« zu vergrößern. Aber es ist ein Stück Freiheit, das ich respektiere, daß Menschen sich entscheiden, wohin sie gehen wollen. In dem Moment, wo sie sich für Frankfurt und für Deutschland entscheiden, habe ich dies zu respektieren und ihnen eine menschliche Realität zu bieten, wie sie jeder andere Mensch in diesem Land auch haben kann.

Wieviele kommen nach Deutschland, verglichen mit Israel?

Wir gehen davon aus, daß seit 1991 25 000 bis 30 000 Menschen aus Rußland nach Deutschland gekommen sind. Knapp eine dreiviertel Million ist in dieser Zeit nach Israel ausgewandert.

Wie sieht es mit dem jüdischen Gemeindeleben im heutigen Berlin-Ost aus?

Die aus der DDR stammenden Juden sind nur ein paar Hundert gewesen. In Berlin entwickeln sich allerdings jetzt neben der orthodoxen Einheitsgemeinde auch diejenigen, die in ihrer Religionsausübung der liberalen und der konservativen Interpretation der Religionsgesetze anhängen. Die liberale Gemeinde hat auch Rabbinerinnen oder weibliche Vorbeter. Eine liberale Gemeinde gestaltet den Übertritt zum Judentum leichter; eine liberale Gemeinde stellt sich zum Beispiel die Frage, ob ein Kind bei einer nichtjüdischen Mutter und einem jüdischen Vater jüdisch sein kann, was für die Orthodoxie undenkbar ist. Die Orthodoxie bestimmt die Religionszugehörigkeit ausschließlich nach der Mutter.

Gibt es innerhalb der jüdischen Gemeinderepräsentanz in Berlin eine PDS-Gruppe?

Nein. Die Gemeinderepräsentanten, auch Bubis und ich, sind nicht parteipolitische Vertreter. Unsere Arbeit für die Gemeinde ist parteiübergreifend. Wer dies in der jüdischen Repräsentanz vergißt, wird zu Recht abgewählt. In unseren Gemeinden leben Mitglieder, die alle Parteien des demokratischen Spektrums wählen, und es ist unsere Aufgabe, diesen Pluralismus zu respektieren.

Du arbeitest viel im ehrenamtlichen Bereich und bist aktiver An-
walt. Wie verbindest du diese Aktivitäten?

Mein Arbeitstag besteht aus sechzehn Stunden. Etwa fünfzig Prozent meiner Zeit arbeite ich als Anwalt. Diese fünfzig Prozent sind
mir aus zwei Gründen sehr wichtig. Einmal bin ich der festen
Überzeugung, daß Freiheit des Geistes auch etwas mit der materiellen Unabhängigkeit zu tun hat. In unserer Welt gibt es eine Kau-
salbeziehung zwischen materieller Unabhängigkeit und politisch-
geistiger Freiheit. Zum anderen erlebe ich in meinem Beruf direkte
Reaktionen auf meine Leistung. In der öffentlichen Arbeit kann es
dagegen zum Teil Jahre dauern, bis Rückmeldungen kommen.

Seit du 1994 in den Bundesvorstand der CDU gewählt worden bist,
nimmt die Parteiarbeit mehr Raum für dich ein. Ist die CDU bloß
ein Vehikel, um politisch etwas erreichen zu können, oder ist sie
auch ein Stück geistig-moralischer Heimat?

Eine Partei sollte für niemanden Heimat sein. Eine Partei ist ein
Zusammenschluß von Menschen, die mit definierten Grundhal-
tungen gesellschaftspolitische Erfordernisse gestalten wollen. Da
wir in einem Staat leben, in dem politische Macht nur über Parteien
organisiert ist, fand und finde ich es nach wie vor unerläßlich, diese
auch zu beeinflussen. Deswegen habe ich mich nach langem Zö-
gern – ich war damals ja schon fast dreißig Jahre alt – entschieden,
in eine Partei zu gehen. Ich habe dabei nie eine hundertprozentige
Identifizierung erreicht. Ich wünsche es jedem bewußt mündigen
Bürger, daß er, wenn er sich einer Partei anschließt, nie zu einem
»Hundertprozentigen« wird.

Gab es Hürden, in die CDU einzutreten?

Natürlich war der Name der Partei, der mit einer Religion, nämlich
der christlichen, verbunden ist, ein Problem. Ob in einem säkula-
ren modernen Staat eine Partei überhaupt nach einer Religion be-
nannt sein sollte, ist fraglich. Doch ich halte es letztlich nicht für
wichtig, darüber gegenwärtig eine Grundsatzdebatte zu führen.
Entscheidend ist vielmehr das Programm einer Partei. Ein weiteres

Hindernis waren auch Personen, die in der Partei teilweise führend gewirkt haben. Daß die CDU einen Mann wie Globke, der immerhin Kommentator der Rassengesetze im Dritten Reich gewesen ist, zum Staatssekretär im Bundeskanzleramt ernannte, bleibt für mich unerträglich. Auch die Äußerungen eines Ministerpräsidenten Hans Filbinger, »es könne heute nicht unrecht sein, was damals Recht gewesen sei«, halte ich für fürchterlich. Hatte er nicht begriffen, daß das, was in der Nazizeit geschah, niemals Recht gewesen ist? Aber es gab auch ganz andere dominierende Persönlichkeiten, von Konrad Adenauer bis Ludwig Erhard, von Hans Katzer bis Gerhard Stoltenberg. Allerdings verbargen sich nicht nur in der CDU, sondern auch in der FDP und anderen Parteien in den 50er und 60er Jahren haufenweise alte Nazis. Ich habe, vom ersten Tag meiner Mitgliedschaft in dieser Partei an, mein Unbehagen gegenüber diesen Realitäten deutlich gemacht.

Die CDU als Volkspartei ist ein Bündel sehr verschiedener Interessen. Zwischen dem Wirtschaftsrat der CDU und den Sozialausschüssen liegt eine Bandbreite unterschiedlichster Positionen. Diese Partei ist im Grunde genommen ein Markt mit Angeboten für fast jedermann. Das mag bei der anderen großen Volkspartei, der SPD, ähnlich sein, wie überhaupt beide Parteien immer ähnlicher werden. Aber was ist das Originäre an dieser Christlich-Demokratischen Union?

Alle demokratischen Parteien sind der Verfassung verpflichtet. Das ist richtig so und wichtig. Deswegen ist das Verhältnis zum Menschen in allen Parteien auch das gleiche, nämlich die Verpflichtung, die Würde des Menschen, die unantastbar sein muß, zu gewährleisten. Die Zugänge, aus denen sich dieser Anspruch ableitet, sind in der CDU und in der SPD allerdings unterschiedlich. Der Zugang in der CDU ist: aus einem konservativen, der Tradition verpflichteten Denken heraus immer wieder danach zu fragen, was es in der Gesellschaft zu modernisieren gilt. Mein Zugang ist ebenfalls die Tradition. Hier stimme ich mit der CDU überein. Außer dem Grundsatz, daß die Würde und der Respekt vor dem Individuum an oberster Stelle zu stehen haben, sollte jedes politische Thema aktuell hinterfragt werden können. Das faszinierende an Volkspar-

71

teien wie der CDU ist, daß sie letztlich das Leben der Gesamtgesellschaft widerspiegeln. Die Herausforderung für jemanden wie mich ist dabei, eine konstruktive Unruhe in die tradierten Realitäten einzubringen. Also ein evolutionärer Zugang zu Gesellschaft und Mensch. Zukünftig wird diejenige Partei führend bleiben, die in der Lage sein wird, eine moderne Reformpartei zu sein. Auch darin sehe ich meine Aufgabe innerhalb der CDU.

Diese Partei neigt aber mehr zur Ruhe als zur Unruhe. Kann ein Unruhiger wie du in der CDU für Zukunftsvisionen überhaupt etwas bewirken? Oder ist die Behäbigkeit so dominierend, daß es schwierig ist, die Partei zu öffnen und fit zu machen auch für kommende Jahrzehnte?

Je größer Massen sind, ob in Politik, Wirtschaft oder Gemeinschaft, desto träger bewegen sie sich, desto unwilliger akzeptieren sie Kursänderungen und desto länger brauchen sie, vom Beginn der Kurskorrektur bis zum letzten Glied, diese auch physisch und seelisch nachzuvollziehen. Dennoch bin ich ein überzeugter Anhänger der großen Volksparteien. Ich mag Nischenparteien nicht. Sie neigen zu Lobbyismus und zu Ausschnitt- und Schwerpunktkonzeptionen, während ich glaube, daß die Herausforderung gerade darin besteht, innerhalb einer Gesamtkonzeption in den Ausschnitten stringent zu bleiben. So mag es denn sein, daß in Volksparteien, also auch in der CDU, Reformen länger brauchen, bis sie sich in Ergebnissen wiederfinden. Aber die Ergebnisse sind dann auch eingebunden in folgerichtige Umsetzungen auf allen gesellschaftspolitischen Feldern, die sie mitberühren. Ich halte das für die vertieftere Herausforderung von politischer Arbeit – auch wenn sie gleichzeitig langwieriger, frustrierender und anstrengender ist. Aber wer Politik gestalten will, ohne dies in Kauf zu nehmen, sollte sich darauf erst gar nicht einlassen.

Ist die CDU noch die Partei der schweigenden Mehrheit, die ja identisch ist mit den mittleren und kleineren Einkommen? Hat diese Partei noch ein Feeling auch für diejenigen, die gezwungen sind, an der Peripherie des Wohlstandes zu leben?

Alle Parteien haben das Problem, daß sie die Peripherien der Gesellschaft nicht mehr genügend erreichen und von diesen nicht mehr als ihre Anwälte empfunden werden. Diese an den Rand Gedrängten haben das teils berechtigte Gefühl, daß gerade die Regierungspartei mitverantwortlich dafür ist, daß sie sich an der Peripherie befinden. Das Problem in Deutschland ist momentan aber, daß für diese Gruppierungen selbst die Oppositionsparteien nicht mehr als Anwälte fungieren. Das ist ein großes Defizit der Volksparteien, das die Identifikation dieser Gruppen mit der Gesellschaft und der Demokratie schwächt. Da ist die CDU nicht besser dran als die SPD. Die Frage ist: Wie schaffen es Parteien, die große Wählerquantitäten binden wollen, im Rahmen des eigenen Angebotes überhaupt wieder, Profil zu zeigen und sich nicht zu einem Opportunismusbrei zu entwickeln? Ich empfinde, daß die CDU momentan mehr Dynamik und mehr Modernität entfaltet als die SPD. Die junge Gruppe – was heißt eigentlich jung, sie sind zwischen 35 und 45 – der Oettingers, der Müllers, der Kochs, der Eschers, Rüttgers, Hintzes und Wissmanns gibt mir Mut, nicht alleine für die CDU, sondern für die nötige Gesamtdebatte in diesem Land, daß wir zu modernen, offen europäischen Haltungen für globale Probleme gelangen.

Was tut denn diese CDU gegen den bedrückenden Sockel von über drei Millionen Arbeitslosen, mit dem wir uns wahrscheinlich – bitter genug – auch in den kommenden Jahren herumschlagen müssen?

Die Arbeitslosigkeit in Deutschland – aber auch in Europa und in der ganzen Welt – ist die größte Herausforderung der demokratischen Gesellschaften für die Zeit nach der Jahrtausendwende. Es kann und darf nicht sein, daß eine dem Menschen verpflichtete Gesellschaft es als gegeben hinnimmt, wenn Millionen Menschen keine Arbeit haben. Das ist nicht nur eine Frage der finanziellen Tragödie von Arbeitslosen, sondern der Menschenwürde überhaupt.

Müßte das in die Verfassung aufgenommen werden?

Ob das in der Verfassung stehen muß oder nicht, ist eine juristische Frage, die von Gegnern einer solchen Regelung immer wieder mit dem Argument abgelehnt wird, sie sei dann einklagbar, und wenn Arbeit einklagbar wäre, müßte man sie planwirtschaftlich organisieren. Ich lasse dies einmal dahingestellt. Zunächst möchte ich als moralisch-politische Kategorie uneingeschränkt festhalten: Es leuchtet mir nicht ein, wieso eine so wohlhabende Gemeinschaft wie die unsere dieses Thema nicht in den Griff bekommt! Das setzt natürlich auch bei denen, die Arbeit haben, ein verändertes Bewußtsein voraus. Das setzt auch in unternehmerischen Organisationsformen Veränderungen und Reformen voraus, und das setzt schließlich auch bei jedem Arbeitnehmer, der keine Arbeit hat, Veränderungen im Bewußtsein voraus. Mobilität und Flexibilität sind zwei Stichworte, die damit zusammenhängen, die Bereitschaft, sich umschulen zu lassen, ein drittes. Dies wäre also eine der umfassendsten konzertierten Aktionen, die unsere Gemeinschaft leisten muß. Und bei allem, was sie dafür tut, wird sie immer wieder mit der Tatsache konfrontiert werden, daß es nicht nur einen nationalen Arbeitsmarkt gibt, sondern mindestens auch einen europäischen. Wer in dieser Frage die Meinungs- und Handlungsführerschaft übernimmt, wird die Zukunft entscheidend gestalten – dies wird auch die Gewerkschaftsbewegung begreifen müssen, wenn Sie eine Zukunft haben will.

Die beiden Volksparteien CDU und SPD, die die sozialen Sicherungssysteme in der Bundesrepublik entworfen und politisch operativ durchgesetzt haben, könnten parteiübergreifend ein Bündnis gegen die Arbeitslosigkeit eingehen, mit Konzepten, die dann auch gemeinsam verantwortet werden müßten. Bedarf es einer solchen großen, gemeinsamen Kraftanstrengung?

Dieses Problem wird nur unkonventionell bewältigt werden können, denn die konventionellen Methoden versagen. Aber man darf das nicht isoliert betrachten, viele Maßnahmen, die zunächst anscheinend nichts damit zu tun haben, wirken tatsächlich in diesen Bereich hinein. Wenn wir endlich wieder den Staat schlanker machten und die dort verwalteten Aufgaben in die freie Wirtschaft zurückdelegierten, würden nicht nur ungeheure Finanzressourcen beim Staat wieder frei, die man dann beispielsweise in die Entwicklung neuer kreativer Industriezweige investieren könnte, sondern es gäbe auch kräftige Impulse für die Wirtschaft. Das Beamtentum sollte nur noch in den Kernbereichen der öffentlichen Versorgung wie Polizei, Feuerwehr oder Krankendienste, bewahrt werden. Ich sehe zum Beispiel nicht ein, warum Lehrer, Standesbeamte und Ministerialbürokraten Beamte sein müssen. Auch das Steuersystem muß endlich reformiert werden. Ein Steuersystem, das in seiner Höhe und Komplexität immer unverständlicher wird, findet früher oder später bei den meisten Bürgern keine Akzeptanz mehr. Die Bereitschaft, sich nach diesen Gesetzen zu richten, nimmt unter Arbeitgebern und Arbeitnehmern immer mehr ab – was man einerseits an den sich häufenden Steuerhinterziehungen und andererseits an dem Unmut über die steigende Abgabenlast erkennt. Kein Gesetzgeber kann auf Dauer Gesetzesstrukturen aufrecht erhalten, die von den Bürgern mehrheitlich nicht mehr akzeptiert und gelebt werden. Schließlich muß auch das Arbeitsrecht reformiert werden, ohne dabei die Schutzrechte der Arbeitnehmer zu beschädigen. Dabei denke ich an die Frage der Samstagsarbeit, an die freie Vereinbarkeit individueller Arbeitszeiten, an die Erhöhung der Arbeitnehmeranzahl bezüglich des Kündigungsschutzgesetzes oder die Einschränkung des Initiativrechtes des Betriebsrates bei gleichzeitiger Beibehaltung des Mitbestimmungsrechts.

Zur Steuerreform: Hat denn die CDU dies auf ihre Fahne geschrieben? Oder vermißt du in den programmatischen Erklärungen der Christlich-Demokratischen Union auch zukunftsweisende Entwürfe?

Es gibt Beschlüsse, die Steuerlast zurückzufahren. Mittlerweile passiert real allerdings genau das Gegenteil: Die Steuern wachsen ununterbrochen, weil die Staatsausgaben wachsen. Die Staatsverschuldung muß unbedingt heruntergefahren werden. Dies setzt einerseits die überfällige Selbstdisziplinierung in Politik und Verwaltung voraus, andererseits die Bereitschaft der Besserverdienenden, staatliche Leistungen, die nach sozialen Gesichtspunkten gestaffelt sind, nicht mehr in Anspruch zu nehmen, sondern dafür ein Entgelt zu leisten, das nach marktwirtschaftlichen Kriterien bemessen wird. Ich plädiere zum Beispiel dafür, nur noch drei Steuersätze zu erheben, etwa 25 Prozent, 35 Prozent, 45 Prozent. Keine sonstigen

Bypässe, Zusätze oder Umleitungen wie Abschreibungsmöglichkeiten oder sonstiges. Drei klar definierte Steuersätze, die für jeden nachvollziehbar sind und erträglich bleiben. Wenn dies breit angenommen würde, wären die Nettosteuereinnahmen nach wenigen Jahren mindestens so hoch wie mit all diesen nicht mehr verständlichen Steuergesetzen jetzt, die mir nicht einmal mehr mein Steuerberater erklären kann. Das setzte aber auch voraus, daß der Staat endlich begreift, daß die Auseinandersetzung mit dem Bürger darüber geführt werden muß, was ihr Staat an Dienstleistung zu erbringen hat. Wenn der Bürger noch mehr haben will, dann wird die Politik das umsetzen. Der Bürger ist der Souverän. Aber dann muß er auch ertragen, daß der Steuersatz immer weiter steigt.

Warum ist politisches Engagement für dein Leben so wichtig?

In einer selbstverantworteten Welt kann es aus meiner Sicht keine Alternative zum engagierten, offensiven Ja zur Menschlichkeit geben. Aus dieser Entscheidung folgt ein Leben in der Hoffnung, eine weitgehende Übereinstimmung zwischen Sein und Schein auf der Grundlage dieses Ja zum Menschen zu erreichen. Ganz unpathetisch, alltäglich und unprätentiös, für jeden Einzelnen von uns. Das ist mein Traum.

Was sind die Perspektiven von Michel Friedman, eines Juden in Deutschland, für seine Glaubensgemeinschaft in der politischen Gemeinschaft der Bundesrepublik?

Gleichberechtigt und respektiert, mit den gleichen Rechten und Pflichten wie jeder andere Bürger, politisch agieren zu können, ohne den Zusatz oder Vorsatz: Das ist doch ein Jude. Überall dort, wo ein Katholik oder Protestant in unserer freien Gesellschaft ohne Rückgriff auf seine Religion handelt, muß dies für alle Juden genauso alltäglich werden können. Wo dies nicht funktioniert, funktioniert unsere Gesellschaft noch nicht.

Fühlst du dich in Frankfurt, in Deutschland diesbezüglich gut aufgehoben und respektiert? Hast du das Gefühl, du bist hier mitten drin und niemand kommt, zumindest nicht in deiner Generation, auf die Idee, dich als anders zu empfinden als die anderen um dich herum?

Das stimmt ja so nicht. Es gibt viele Menschen, nicht die Mehrheit, aber viel zu viele, auch in meiner Generation, die das anders sehen. In der Berliner Jungen Union zum Beispiel gab es, als ich nominiert worden bin, einen Protestschrei nach dem Motto: Wenn ein Jude in den Bundesvorstand geht, dann können wir den Namen unserer Partei gleich völlig sein lassen. Es gab Leute, die offen oder verdeckt ihren Unmut darüber geäußert haben, daß ein Jude in eine führende politische Funktion gewählt wurde. Es gab und gibt in der Partei und in unserer Gesellschaft auch heute noch viele Menschen, die damit nicht umgehen können. Es ist eben gerade nicht so, daß das für alle schon eine entspannte Realität wäre. Ein Katholik muß es in diesem Land nicht ertragen, befragt zu werden, ob er hier eine führende Position einnehmen darf oder nicht. Es hat mich allerdings auch ermutigt, viele zu hören, die gesagt haben: Ja, ich will diesen Menschen Michel Friedman, auch weil er ein Jude ist, aber vor allem, weil er politische Positionen vertritt, mit denen ich mich identifizieren kann. Solange ich hier in Deutschland lebe, werde ich nicht aufhören, mich gesellschaftlich und politisch zu äußern. Die Alternative wäre der Ausschluß für mich selbst und alle Juden dieses Landes aus politischen Positionen, weil sie Angst haben müßten, als Jude diskriminiert zu werden und deswegen zum Schweigen verurteilt wären. Wenn das die Zukunft dieses Landes wäre, dann hätte ich hier nichts mehr zu suchen.

Ist dieser Schritt in das Führungsgremium einer großen Partei bei den Juden in Deutschland völlig unumstritten?

In Deutschland nicht. Ich erinnere mich, als ich Stadtverordneter in Frankfurt wurde, gab es diese Diskussion bereits auf lokaler Ebene. Die grundsätzliche Frage war: Sind die jüdische Gemeinschaft, die Bundesrepublik oder Frankfurt schon so weit, daß ein Jude, noch dazu ein bewußt sich bekennender, sich in die Politik Deutschlands einmischen kann, ohne Vorurteile zu produzieren. Also: Wie weit geht die Identifikation der jüdischen Gemeinschaft mit dem Gemeinwesen einerseits, und wie weit geht die Toleranz in Deutschland, einen Juden zu tragen und zu ertragen wie jeden anderen auch, ohne daß dieser permanent über die Ebene »Der ist ein Jude« identifiziert wird. Wir haben in Frankfurt eine sehr intensive Diskussion darüber gehabt. Viele hatten Angst, haben zur Vorsicht geraten. Einige haben gesagt: auf keinen Fall. Es gab aber auch viele, die sagten: Es kann keine Zukunft für uns als Menschen geben, wenn wir stehen bleiben. Denn die Insel der jüdischen Gemeinschaft könnte sonst von diesem uns umgebenden Ring vergiftet werden. Ich habe damals entschieden, den Versuch zu unternehmen, und es trotz vieler Spannungen und Schwierigkeiten nicht bereut. Aus den gleichen Überlegungen heraus habe ich mich dann auch entschieden, die Herausforderung auf Bundesebene anzunehmen. Wir alle müssen wissen, ob dies geht. Wir, die Juden und die Nichtjuden in Deutschland. Das werden wir aber nur durch Handeln erfahren können. Wir dürfen uns von unabgefragten Ängsten nicht in die Defensive locken lassen, wir dürfen nicht zulassen, daß Ängste sich vertiefen. Es darf auch nicht sein, daß Menschen, die in diesem Land leben und sich zu dieser Gemeinschaft bekennen, sich aus dem politischen Meinungsbildungsprozeß heraushalten müssen, weil die Gemeinschaft dies nicht akzeptieren könnte. Dann müssen wir über die Fehlentwicklungen streiten. Ich möchte, daß junge Menschen erleben, wo die Schwierigkeiten sind, und daß sie im Erleben Korrekturen erarbeiten. Schön wäre es, wenn wir, ähnlich wie in Frankfurt, ein Jahrzehnt später feststellen könnten: Erstens: Junge Juden engagieren sich, und die Schwierigkeiten sind uns bekannt. Zweitens: Wir wissen über die Schwierigkeiten heute mehr als zu einer Phase, als wir noch über vieles nachdachten, aber noch keine praktischen Erfahrungen hatten. Und drittens: Es ist nichts Besonderes mehr, daß ein sich in der Politik Engagierender ein Jude ist. Niemand erweist mir eine Gnade oder Gefälligkeit, daß ich politisch aktiv sein darf. Ich bin Bürger dieses Staates und als solcher habe ich ein Recht auf diese Aktivität. Die deutsche Gesellschaft muß lernen, daß das Engagement auch von Juden in Deutschland eine Selbstverständlichkeit wird. Nirgendwo demaskiert sich Verlogenheit eher als im Handeln, und dieses Demaskieren ist ein hilfreicher Prozeß für diejenigen, die nicht vom Bazillus der Vorurteile und des Rassismus angesteckt sind. Es ist ein Vorgang zur Klärung des Standpunktes einer Gesellschaft.

IV

Deutsche Vereinigung und europäische Einheit

Die deutsche Vereinigung ist eine weitaus tiefgreifendere Zäsur für Deutschland, als es die Bürger im fünften Jahr nach der Vereinigung wahrnehmen wollen. Wird dies eine andere Republik werden, die sich, auch was ihre Grundfesten angeht, neu orientiert?

Es wird sich mit Sicherheit eine neue Republik entwickeln, denn jetzt sind 18 Millionen Deutsche aus einer ganz anderen Sozialisation und Lebenserfahrung, mit einem ganz anderen Grundverständnis, hinzugekommen. Sie sind schon in der dritten Generation so erzogen worden, als seien sie das »anständige Deutschland« gewesen: Deswegen hätten sie einen anderen Staat gehabt, und zwar das Deutschland, das für die Nazizeit weder Verantwortung noch persönliche Schuld habe. Das war eine Lüge und Illusion, denn Ost-Berlin, Dresden und Leipzig waren genauso nazibesetzt und -zersetzt wie die Gebiete im Westen Deutschlands. Aber diese Propaganda hat dazu geführt, daß jedenfalls diejenigen, die nicht unmittelbar im Krieg waren, also die Kinder und Enkelkinder, daran auch glaubten und sich als antifaschistisches Deutschland empfanden. Ein Bewußtseins- und Werteprozeß im Verhältnis zur eigenen Realität im Dritten Reich ist damit nach dem Krieg erst gar nicht freigesetzt worden. Zweitens: Diese 18 Millionen Menschen sind in einer Diktatur erzogen worden. Viele haben diese wahrscheinlich innerlich abgelehnt, dennoch war ihr Leben von der Diktatur organisiert. Die Diktatur unterscheidet sich von der Freiheit, indem sie die Verantwortung des einzelnen an den Staat delegiert. Jetzt also in einem freien Land leben zu wollen und zu müssen, setzt auch das Erlernen von Verantwortung und Eigenverantwortlichkeit voraus. Hier berühren sich auch die Bequemlichkeitswünsche und die Abwehr, Verantwortung zu übernehmen und Demokratie als Selbstverständlichkeit anzusehen, bei jungen Menschen aus Ost und West. Wir müssen also einen Diskussions- und Reibungsprozeß durchleben. Dieser Prozeß muß sich auf Geist und Grundlage unserer Verfassung vollziehen. Wir müssen diesen Geist aktualisieren – das muß man übrigens zu jeder Zeit –, aber die Grundwerte der Verfassung müssen sich immer wieder abfragen lassen.

Sprichst du auch in den neuen Ländern über deine Überzeugungen und deine Sichtweise mit jungen Menschen?

Die Diskussion mit jungen Menschen hat grundsätzlich oberste Priorität. Ich rede und diskutiere in den neuen Bundesländern, und da fällt mir auf, daß dort das Geschichtswissen über die eigene Rolle dramatisch gering ist. Die Interpretation des Stoffes ist immer noch geprägt von der alten DDR-Schulpropaganda, die den jungen Leuten vermittelte, man selbst sei der »Gute« und die Bundesrepublik der »Böse« gewesen. Mein Zugang zu diesen Jugendlichen findet unter denselben Gesichtspunkten statt wie im Westen. Ich versuche mit ihnen an ihrem eigenen Leben, ihrer Familienerfahrung Deutschland abzufragen. Man muß deutlich machen, daß politische und andere Gegenwartsentscheidungen immer wieder geprägt sind von einer Kausalkette von Geschichtsvorgängen. Ich versuche ihnen deutlich zu machen, daß Geschichtslosigkeit Gesichtslosigkeit ist, daß sie eine Identität gerade in der Vereinigung finden können, wenn sie historisch auch ein Stück zurück gehen und den Geschichtsverlauf neu diskutieren und erlernen. Das ist sehr viel schwieriger als die meisten Erfahrungen, die ich in der alten Bundesrepublik mache. Deshalb ist es umso wichtiger, es zu tun. Denn das sind die jungen Staatsbürger, die in zehn oder zwanzig Jahren zusammen mit den jungen deutschen Staatsbürgern aus Düsseldorf, Frankfurt oder Castrop-Rauxel die Geschicke der Republik leiten werden. Sie müssen beispielsweise lernen, warum das föderative System, das sie in dieser Art ja auch nicht kannten, so wichtig ist. Sie müssen begreifen, daß alle unsere Demokratiestrukturen zu tun haben mit der Erfahrung des Dritten Reiches und der Weimarer Zeit, und daß diese Lehre, die man für die Staatsorganisation daraus gezogen hat, ausgesprochen wertvoll auch für ihre eigene Entwicklung ist. Es gibt also viel nachzuholen, viel zu diskutieren.

Redest du in Leipzig, Erfurt oder Dresden anders, wenn es darum geht, die geschichtlichen Defizite auszugleichen, um klarzumachen, daß die Menschen dort, was die gemeinsame Vergangenheit angeht, vierzig Jahre hindurch mit einer Lüge abgespeist worden sind?

Man sollte sensibel und ohne Überheblichkeit über diese Dinge reden und sich bewußt sein, daß die Kinder, also die junge Generation, immer Opfer von Manipulation und Propaganda der Erwachsenen sind. Man hat ihnen letztlich ein Stück ihres eigenen Lebens gestohlen, ein Stück ihrer Individualität. Ich habe viel Verständnis, wenn ich mit einem Siebzehn-, Achtzehn- oder Zwanzigjährigen rede, dem seine Identität gleich zweimal genommen wurde. Einmal vom System selbst, und zum zweiten Mal in seiner privaten Familiengeschichte, als das System zusammengebrochen ist. Seine Eltern waren plötzlich »Verlierer«. Das ist ein Identitätsverlust, der nicht zu unterschätzen ist. Wir sollten in der innerdeutschen Diskussion die Tatsache besser begreifen, daß es sich hier auch um Tragödien von Autoritätsverfall innerhalb der Familien handelt. Wenn nämlich die jungen Leute diese Bundesrepublik als ihre bessere Option annehmen, dann müssen sie gleichzeitig ihre Eltern und Großeltern in Frage stellen, die ihnen das vorenthalten haben. Man muß deutlich machen, wie sensationell Freiheit trotz allem ist, auch wenn sie momentan mühsam erscheint, auch wenn sie nervt, auch wenn sie ungerecht wirkt. Demokratie kann auch ungerecht sein, aber Demokratie ist das einzige System, in dem von innen heraus Ungerechtigkeiten beseitigt werden können. Dies setzt Reform voraus und Menschen, die das tun. Damit schließt sich der Kreis zum eigenverantwortlichen Leben.

Gibt es aus der untergegangenen DDR etwas, das sich lohnt, auf bundesrepublikanische Lebensverhältnisse übertragen zu werden? Oder bleibt zum Schluß nur noch der grüne Pfeil als Teil der Verkehrspolitik?

Diktatur führt bei Menschen zu zwei Reaktionen. Die eine ist Opportunismus, Bespitzelung und unmenschliches Verhalten, die andere ist, daß das Individuum im ganz privaten Bereich weitaus stärker mit Solidarität und Menschlichkeit lebt und sich gegen Unterdrückung persönlich wehrt. In unserer Wohlstandsgesellschaft haben wir in puncto Solidarität und Menschlichkeit deutliche Defizite. Es gibt aber in jeder Diktatur, gerade bei den »kleinen« Leuten, die Entwicklung, daß sie wissen, letztlich nur überleben zu können, wenn sie menschliche Netze aus Solidarität knüpfen. Ein bewegender Augenblick war, als die Mauer gefallen ist und die Menschen frei waren. Da habe ich geweint und hatte Gänsehaut, nicht nur weil diese Menschen mir deutlich gemacht haben, wie wertvoll Freiheit ist, sondern auch, wie sehr wir hier dieses Gefühl vergessen hatten.

Dennoch ist es merkwürdig, daß dieses Bewußtsein für Freiheit auch in den neuen Bundesländern so unendlich schnell verflogen ist und eine Entwicklung der Ernüchterung und Desillusionierung begann. Tut die Ernüchterung dem Zusammenwachsen dieser beiden Teile Deutschlands gut? Oder hätte man, falls möglich, jene euphorische Zustimmung politisch konservieren müssen?

Es ist unvermeidlich, daß Realitäten Visionen begleiten. Es war allerdings vermeidbar, daß die Realitäten die Visionen verdrängen. Die Politik hat im Alltagsgeschäft zu schnell vergessen, die Ziele zu formulieren, wohin das Alltagsgeschäft führen sollte. Geschürten Emotionen und Aggressionen wurde zu schnell Raum gegeben. Es ist versäumt worden, den Bundesrepublikanern zu erklären, warum es sich emotional und rational lohnt, zu teilen. Und es ist versäumt worden, den Bürgern der DDR zu erklären, daß das Nehmen nicht ein Selbstzweck ist, daß niemand niemandem etwas schuldet! Man gibt und nimmt vielmehr, weil man eine gemeinsame Zukunft aufbaut. Es gab zu wenig Brückenbauer, zu wenig Botschafter, deshalb gelangte das Alltägliche immer mehr ins Bewußtsein der Bürger – und der Alltag ist grau und trist. Der Regenbogen, der dahinter stand, wurde vernebelt und bewölkt. Die Bundesrepublik Deutschland hat in den 70er und 80er Jahren mit der Mehrheit ihrer Repräsentanten, nicht nur in der Politik, die DDR überhaupt nicht mehr im Bewußtsein gehabt. Die Existenz der Diktatur DDR wurde in der Substanz nicht mehr angezweifelt. Es wurde versucht, die Härten abzumildern: Familienzusammenführung, wenig Konflikte an der Mauer. Pragmatische Politik wird so etwas genannt.

Aber der Staat DDR hat eigentlich kaum jemanden mehr richtig gestört. Und die Bürger der ehemaligen DDR müssen sich die Frage stellen, ob und wie sie der Freiheitsbewegung angehört haben. Es gibt da viel Selbstbetrug und damit auch Fremdbetrug.

Die Westdeutschen hat die Vereinigung kalt erwischt. Wir waren überhaupt nicht vorbereitet. War es nicht sträflich nachlässig, in politischen Labors nicht über den möglichen Fall einer Vereinigung nachgedacht zu haben?

Da zeigt sich, wie anerkannt die DDR bereits in den Denkfabriken war. Alle Parteien hatten Zukunftsmodelle nur unter der Prämisse erarbeitet, daß die DDR existiert und existent bleibt. Die SPD hat sogar gemeinsame Politikpapiere mit der SED formuliert. Oskar Lafontaine wollte die Vereinigung verschieben. Daß die DDR sich wieder auflösen könnte, war kaum mehr Diskussionsgrundlage und übrigens auch kaum salonfähig. Wer so argumentierte, galt als Reaktionär und nicht als jemand, der neue Zukunfsmodelle denkt. Ich will das gar nicht bewerten und auch nicht so tun, als sei ich selbst klüger oder anders gewesen. Ich stelle fest, daß in bezug auf die Beeinflussung, die ich als Jugendlicher erlebt habe, ob journalistisch oder politisch, ich einer Generation angehörte, die unter der Prämisse erzogen wurde: Die Existenz der DDR ist anscheinend etwas Gegebenes und bleibt es auch.

Die Teilung durch Teilen überwinden – ist das nicht ein ziemlich vordergründig angelegter Slogan, der durch die Wirklichkeit längst dementiert ist?

Wir müssen zwischen den Bundesländern eine soziale und wirtschaftliche Realität schaffen, in der es keine Extreme geben darf. Das ist damals auch im Saarland umgesetzt worden. Deswegen haben wir den Länderfinanzausgleich: Wem es besser geht, der muß durch einen Ausgleich das föderative System im Gleichgewicht halten. Das ist das eine. Das andere: Geld alleine macht nicht glücklich – und es vermittelt auch kein Wirgefühl. Teilen hat eine Dynamik: Der eine gibt, der andere nimmt. Das allein ist nicht gut. Schon im Privaten nicht, und letztlich ist kollektiv immer übertragbar, was emotional auch im Privaten funktioniert. Es nimmt den Leuten die Würde und Selbstachtung, wenn sie das Gefühl haben, daß sie dauerhaft auf andere angewiesen sind. Wir müssen ganz intensiv versuchen, durch infrastrukturelle Verbesserungen, Erschließung von Märkten und Investitionsvorhaben ein Äquivalent im Alltag zu schaffen. Wir müssen daneben auch eine emotionale Realität herstellen, in der der Satz nicht gelten darf: Ich bin auf »Strafversetzung«, wenn ich in den neuen Bundesländern leben muß. Ich möchte mal einen Düsseldorfer hören, was der sagen würde, wenn der Rest der Nation meinte: Wenn ich nach Nordrhein-Westfalen muß, bin ich in der Strafkolonie. Das alles ist so wie im Familienleben. Die Schwachen einer Familie haben den höchsten Anspruch auf Respekt und Hilfe, ihnen gilt es mit Sensibilität die nötige Stärke zu übertragen, damit sie sich selbständig weiter entwickeln können. Wir müssen wieder lernen, uns dem Schwachen nicht mit Gönnerhaftigkeit und überheblicher Nonchalance, sondern in Demut und Respekt zu nähern.

Das hört sich alles sehr gut an – aber beschränkt sich jener Vereinigungsprozeß nicht zu sehr auf einen operativen Teil? Wer sorgt denn wirklich für die notwendige geistig-politische Auseinandersetzung, auch mit den desillusionierten Bürgern in den neuen Ländern?

Grundlegende existentielle Veränderungen brauchen Zeit. Die Menschen müssen sich vom Alten verabschieden und sich mit dem Neuen anfreunden. Grundsätzliche ethische Diskussionen sind leider momentan den Rechtsrevisionisten vorbehalten. Ich sehe bei liberalen, linksliberalen und selbst konservativ-liberalen Kräften viel zu wenig Lust zum konstruktiven Aufrütteln, zum Zweifeln und Nachdenken. Das Parteienpuzzle, das sich in den letzten 15 bis 20 Jahren aufgebaut hat, wird mit einer solchen Ängstlichkeit gehütet, daß sich jeder scheut, ein Steinchen herauszunehmen, aus lauter Angst, daß das Gebäude zusammenfällt.

Mit anderen Worten: Unruhe als erste Bürgerpflicht. Aber wer soll denn, bitte schön, in unserem Land eigentlich unruhig sein? Fallen

*die neuen Bundesländer nicht für den notwendigen Dialog und in-
tellektuelle Impulse aus?*

Das streite ich ab. Die neuen und die alten Bundesländer haben
jeden Tag die gleiche Chance, Unruhe im konstruktiven Sinn zu
stiften. Seien wir nicht so überheblich. Die wichtigste Herausforderung und Veränderung der Jetztzeit ist die Veränderung Europas. Die DDR ist ja ein Stück »Osteuropa« gewesen. Und genau
um dieses Osteuropa geht es. Ich bin erschüttert über das Un-
wissen, die Uninteressiertheit und Unfähigkeit bei uns, sich mit
diesem Teil Europas zu beschäftigen. Europa wird entweder in
zehn Jahren ein Kontinent voller Instabilität, mit dramatischen
ökologischen Unterschieden, sozialen Konflikten und geostrategischen Kriegsgefahren sein, oder es wird, weil wir uns alle endlich
den Herausforderungen offensiv stellen, ein Kontinent neuen ökonomischen und kulturellen Wachstums. Die Armut in einem Teil
Europas darf nicht in eine Elendssituation führen, denn Elend
führt immer zu Gewalt und Krieg! Wir dürfen nicht vergessen, daß
es in Osteuropa nach wie vor die Atommacht Rußland gibt.
Schließlich wird die politische Bewegung, die sich hinter dem
Stichwort »Islamischer Fundamentalismus« versteckt, gerade die
Länder der ehemaligen Sowjetunion aber auch Zentraleuropa er-
schüttern. Deswegen ist es eine Hauptaufgabe für die nächsten
Jahre, mit Osteuropa gemeinsam das Gesamteuropa und damit
auch das friedliche Deutschland zu entwickeln.

*Gibt es in den neuen, östlichen Bundesländern politisches Know-
how, um für den osteuropäischen Bereich auch ein Angebot zu sein,
wie man aus der politischen Erstarrung zu neuen Ufern kommen
kann?*

Nein. Das Modell der Integration der DDR und die Veränderung
der dortigen Gesellschaft ist nicht vergleichbar mit den anderen
osteuropäischen Ländern, weil die DDR zu einem Bestandteil der
Bundesrepublik wurde und viel Finanz-, Bewußtseins- und Indu-
strietransfer von hier nach dort stattgefunden hat. Dieses Privileg
haben alle anderen osteuropäischen Länder nicht. Die DDR hat in
Osteuropa außerdem keine sehr sympathische Rolle gespielt, sie

hat die Solidarität mit der Sowjetunion am opportunistischsten betrieben. Wir, der ganze Westen, müssen gemeinsam alle Kraft aufbringen, um Osteuropa zu stabilisieren, nicht nur wirtschaftlich, sondern auch und gerade politisch. In Frankreich sieht man das viel bewußter. Das hat mit der Tradition Frankreichs im Verhältnis zu Osteuropa zu tun. Aber wenn ich mit Engländern zu tun habe, mit Italienern, mit Spaniern, dann stehen sie diesen Fragen eher gleichgültig gegenüber. Fünf Jahre nach der Vereinigung zwischen Ost- und Westeuropa ist das Thema Osteuropa im Bewußtsein der Bevölkerung nicht weiter entwickelt als damals.

Welches Beispiel sollte denn diese größer gewordene Bundesrepublik liefern, um zur Stabilisierung der osteuropäischen Staaten beitragen zu können? Sollte sie sich wirklich politisch einmischen in die Reifeprozesse dieser Staaten?

Sie sollte zum Dialog mit verantwortlichen Menschen bereit sein, falls Wünsche formuliert werden, die zueinander führen. Die Zusammenarbeit in der Wirtschaft ist nicht optimal, die politischen Kontakte sind nicht mit der notwendigen Priorität hoch genug angesiedelt. Es gibt viele Länder, etwa Polen, die ehemalige Tschechoslowakei oder manche Länder aus der ehemaligen Sowjetunion, in denen wir präsenter sein müßten. Dasein, zuhören, sehen, lernen, sich anbieten und dann zurückkommen, um in der Bundesrepublik eine Debatte zu entfachen: Was können wir machen? Was wird von uns erwartet? Was wollen wir machen, und wie wollen wir es mit wem machen? Das kann und darf aber ein Land alleine nicht leisten. Wenn die Institution Europäische Union einen über sich hinausweisenden Sinn bekommen hat, dann ist es der, für den Kontinent Europa Stabilität und Demokratie zu erreichen. Dies ist nicht gleichzusetzen mit der Aufnahme der östlichen Länder in die EU. Eine solche kann nur unter zwei Prämissen erfolgen: einer demokratischen Struktur und einem Minimum an sozialer und wirtschaftlicher Sicherheit. Um diese Länder aber auf ihrem Weg zu begleiten, müssen die Europäische Union und die Länder innerhalb der EU dieses Thema mit viel höherer Priorität behandeln.

Deutschland soll anders werden, hast du gesagt, ein Land, das zum

Beispiel die Notwendigkeit akzeptiert, in der internationalen Politik einen aktiven Part zu übernehmen.

Ein Land ist nichts Statisches, sondern etwas Dynamisches. Jeden Tag werden junge Menschen geboren, die Bevölkerungsrealität verändert sich. Das gleiche Land ist zwanzig Jahre später geprägt von Millionen Menschen, die dann zwanzig Jahre alt sind – eine Realität, die nie aufhört oder anfängt, sondern sich in einem Prozeß befindet. In diesem Prozeß muß man seine Standpunkte immer wieder neu erarbeiten und einen gemeinsamen Nenner finden. Ich halte diese 90er Jahre für die größte Revolutions- und Veränderungsphase in Europa und Deutschland seit 1945. Die Vereinigung ist revolutionär für alle Beteiligten, auch die Tatsache, daß die Sowjetunion nicht mehr existiert – als eine der Weltmächte und als ein negativer Identitätsstifter. Die Mauer ist gefallen, und Osteuropa steht nicht mehr unter der Gefangenschaft der Sowjetunion. Damit sind wir zunächst am ersten Ziel der Entspannung angelangt: Wir können uns die Hände reichen, ohne daß es Blöcke sind, die sich gegenüberstehen. Dadurch sind wiederum die bisherigen Mechanismen und Entscheidungen neu zu diskutierten. Um Probleme zu analysieren und Lösungsvorstellungen zu erarbeiten, muß man sich daran erinnern, was unsere Ausgangslage ist. Wir müssen Freiheit als etwas Positives empfinden! Wir müssen Verantwortung und Solidarität wieder positiv definieren. Wir müssen deutlich machen, daß Solidarität in dieser veränderten Zeit nicht die Routine irgendwelcher Versicherungsklauseln bedeutet.

Brauchen wir eine europäische Identität?

Ja. Wir müssen Europa als Gesamtkontinent begreifen, mit den Werten, die dieser Kontinent, jedenfalls in der zweiten Hälfte des Jahrhunderts, im Westen hervorgebracht hat: Frieden, Freiheit und Demokratie sowie die Berücksichtigung einer wirtschaftlich-sozialen Mindestsicherung des Individuums. Wenn wir dies nicht auch in den neuen, freien, aber noch nicht stabilisierten Ländern Osteuropas schaffen, dann wird der Kontinent Europa in neue Gefahren und Kriege geraten. Hier gilt es, ähnlich wie nach 1945, einen beidseitig akzeptierten Transfer zu ermöglichen: einen Transfer ethischer Ansprüche, aber auch der Mittel, diese Ansprüche umzusetzen. Betrachtet man sich heute Rußland und die ehemalige Sowjetunion, dann haben wir dort, nach diesen Veränderungen in Osteuropa schon wieder viel zu viel versäumt und sehen bereits jetzt, wie sich Gefahren und Hindernisse auftürmen – bis hin zu Chaos und Anarchie in einigen dieser Länder, von Gewalt und Krieg gar nicht zu reden. Diese Bedrohung, die zunächst nur innerhalb dieser Länder wirksam ist, könnte früher oder später wieder ganz Europa betreffen.

Wer beteiligt sich in diesem Land an dem Disput über den neuen Prozeß, der in Gang kommen muß?

Wir müssen das Gesamtgefüge von Gesellschaft, Arbeit, Wohlstand, Umwelt, Solidarität und Bildung reorganisieren. Das ist keine Aufgabe, die einige wenige den vielen aufdrücken können, das muß im Dialog aller Beteiligten geschehen. Wir müssen dies einerseits im Land selbst politisch diskutieren, es andererseits im internationalen Kontext sehen. Es gibt keine isolierten Konzepte mehr für eine Nation. Das ist vorbei. Diese Erkenntnis müssen wir ins dritte Jahrtausend mitnehmen. Deutschland ist als Bundesrepublik ein Land, das seit seiner Gründung seine Planungen, Maßnahmen und Überlegungen immer im Zusammenhang mit denjenigen Ländern konzipieren mußte, die diese Bundesrepublik ermöglicht haben. Mittlerweile ist dies eine Realität, die nicht nur der Bundesrepublik ihren Stempel aufdrückt, sondern allen Ländern Europas. Die Verbündeten sind Verbündete im ökonomischen System, im Verteidigungssystem, im außenpolitischen System, im sozialpolitischen System, im ökologischen System. Zwar gibt es Divergenzen, aber diese verlassen nie die Linien der grundsätzlichen Gemeinsamkeit. Das setzt voraus, daß die Menschen, aber auch die Führenden bereit sind, verschiedene Aspekte, die bisher unantastbar erschienen, neu zu überdenken: Mobilität, Arbeitszeit, Arbeitszeitverteilung, humane Arbeitswelt, Verhältnis von Arbeit und Lohn, moderne Technologien, Umweltschutz und Zusammenarbeit mit anderen Ländern, nicht nur im Sinne wirtschaftlicher Verknüpfung multinationaler Unternehmen, sondern auch beim Austausch von Manpower und der Ausbreitung von Industriansiedlungen im Verhältnis zu einem ökologischen Bewußtsein. Es bedarf der Bereitschaft, Weiterbildung und berufliche Neuausbildung als selbstverständliches Element im Arbeitsprozeß umzusetzen. In einem Arbeitsleben kann es heute passieren, daß klassische Berufe verschwinden und neue sich entwickeln. Die Geschwindigkeit dieses Prozesses nimmt rapide zu und wird im dritten Jahrtausend ein völlig verändertes Verhältnis zum eigenen Beruf entstehen lassen. Sprachkenntnisse werden immer wichtiger.

Welche Zukunft erwartet die größer gewordene Bundesrepublik? Sind Politik und Politiker eingestellt auf die Herausforderung?

Deutschland ist eines der anfälligsten Länder im Zusammenspiel zwischen Außen- und Innenpolitik. Identitätsstärke, die von außen nach innen übertragen wird, hat eine hohe Bedeutung. Deshalb ist die Frage, wie entwickelt sich Deutschland, unmittelbar gekoppelt mit Europa, geht aber auch weit über Europa hinaus. Die Westbindung Deutschlands halte ich für essentiell notwenig, um die Herausforderungen für Europa zu bewältigen. Die Vision Europas muß endlich auch in den Alltag umgesetzt werden. Womit beginnt das? Wie immer mit den jeweiligen Kindern und jungen Menschen. Wir müssen eine europäisierte Bildungspolitik gestalten, eine europäisierte Schul- und Wissenschaftspolitik, wir müssen in der Ausbildung dringend einen Schwerpunkt Sprachen entwickeln. Menschen kommen nur zusammen und lernen voneinander, wenn sie in Kommunikation treten können. Da wir nicht, wie die Vereinigten Staaten von Amerika, eine einzige Sprache sprechen, müssen wir den jungen Menschen einen Schatz aus Sprachenkenntnis mitgeben, damit sie in den Dialog eintreten können. Wir müssen außerdem eine Vision definieren, wie eine ökologisch-soziale Marktwirtschaft aussehen kann, und wir müssen in der Konkurrenz der Weltmärkte ein neues Selbstverständnis davon definieren, was Arbeit ist und wie Arbeit gelebt werden kann. Vor allen Dingen brauchen wir weitaus mehr Kreativität und Experimentierfreudigkeit, damit diese Gesellschaft auch über das Jahr 2000 hinaus konkurrenzfähig bleibt. Das meine ich nicht nur rein ökonomisch, sondern auch kulturell-ethisch. Wir haben in Deutschland in den letzten zwei bis drei Jahrzehnten Bildung und Ausbildung sträflich vernachlässigt. Das Niveau vieler Bildungsinstitutionen ist international nicht konkurrenzfähig. Wir müssen insgesamt unsere Zukunft an globalen, über unsere engen Grenzen hinausgehenden internationalen Dimensionen orientieren.

Dagegen steht aber ein relativ kleinkariertes Gehabe der Deutschen und auch der deutschen Politik. Wie soll sich da in der politischen Verantwortung eine Schrittmacherrolle entwickeln, die exakt das von dir Angesprochene anpackt?

Das Wichtigste wird sein, den Gedanken Europa lebendig zu halten. Dazu braucht man Botschafter. Dieses Land ist zwar zusammen mit Frankreich das engagierteste europäische Land. Aber die Seele für Europa fehlt auch hier. Wenn es Helmut Kohl nicht gegeben hätte, dann würden wir uns wahrscheinlich nicht einmal da befinden, wo wir heute sind. Das macht mir Sorgen. Europa ist nicht die Wirtschaftsgemeinschaft allein, Europa ist nicht allein die Tatsache, daß ich keinen Personalausweis an der Grenze brauche. Europa beginnt erst, wenn Probleme und Lösungsansätze in London ebenso diskutiert werden wie in Paris oder Frankfurt, wenn die Menschen also von der Prämisse ausgehen, daß das Lösungsergebnis alle gemeinsam befrieden, befriedigen und weiterbringen muß. Solange die Lösungsansätze von der Politik, egal welchen Landes, noch primär auf ihre Nation bezogen werden und erst dann überlegt wird, wie mache ich das kompatibel mit den anderen, solange ist Europa kein gelebtes Gebilde.

Reicht eigentlich die deutsch-französische Kombination von Freundschaft und Zusammenwirken aus, um in einem Europa des Umbruchs die Hauptlinien zu beschreiben, an denen entlang sich europäische Politik bewegen muß?

Nein. Jede Einteilung in wichtigere und unwichtigere Partner führt zu einer Zerschlagung des Gedankens Europa. Wir müssen endlich begreifen, daß wir von Menschen sprechen, die zufällig in Frankreich, Deutschland, England, Holland oder Spanien leben und daß unsere Aufgabe darin besteht, allen diesen Menschen deutlich zu machen, daß jeder einzelne, egal wo er lebt, von der europäischen Politik genauso viel an Aufmerksamkeit, Sensibilität, Kreativität und damit dem Versuch, ihm ein menschenwürdiges Leben zu gestalten, genießt wie der, der anderswo lebt. Bei einer Aufteilung in nationale Prioritäten entsteht für den einzelnen Menschen, der zufälligerweise in Madrid oder Den Haag lebt schon die Frage, ob das sein Europa sein kann, ob das, was Europa für ihn tut, so gut für ihn ist, wie für den, der in Paris, Lyon, Köln oder Berlin wohnt. Das wäre ein falsches Grundsignal. Es ist richtig, daß gewisse Länder aufgrund ihrer Größe und anderer Gegebenheiten mehr zu leisten haben, um diese Idee zu einer Realität werden zu lassen. Aber die Haltung dieser Länder darf nicht sein, dann gleichzeitig besonders wichtig sein zu wollen. Die Vereinigten Staaten von Europa beginnen erst, wenn sich genau das aufhebt. Erst wenn wir die besonderen Einsätze, die wir heute leisten, nicht mehr als Vorleistungen für spezielle Rückleistungen definieren, sondern als eine globale Investition für dieses Grundgebäude Europa, erst dann haben wir endlich ein europäisches Selbstverständnis entwickelt.

Ist also das Symbol der in der Kathedrale von Reims niederknieenden Staatsmänner Konrad Adenauer und Charles de Gaulle nur noch eine sentimentale Erinnerung? Oder kann man Kraft und neue Impulse aus einer solch langen Zeit deutsch-französischer Verständigung schöpfen?

Alle Mosaiksteinchen der Vertrauensbildung sind unersetzbar. Die wesentlichen bilateralen Vertrauensmaßnahmen Deutschlands sind natürlich die mit Frankreich, Polen, Israel und den USA. Im Rahmen des so geschaffenen Vertrauens konnte erst der zweite Schritt, eine Globalisierung im Rahmen einer aktiven europäischen Rolle Deutschlands, entwickelt werden. Ohne die Akzeptanz, daß Deutschland sich erst einmal zurückhaltender verhalten müsse, wäre es nie dazu gekommen, daß man heute sagt: Was könnt ihr Deutschen tun? Was wollt ihr tun? Wir möchten, daß ihr etwas tut. Das ist eine wichtige Entwicklung. Sie sollte uns ermutigen, immer wieder zu überlegen, ob die eigene Haltung vertrauens- oder mißtrauensbildend ist. Langfristiges Investieren ist etwas, das wir jetzt noch leisten können, weil wir genug Ressourcen und volks-

wirtschaftliches Vermögen haben, und es gehört zur Überlebens-
strategie für Deutschland. Mich entsetzt, daß wir aus dieser Stärke
von Freiheit, Demokratie und Wohlstand heraus uns nicht mehr
engagieren.

*Hat das auch etwas mit der tiefsitzenden Unsicherheit der Deut-
schen zu tun über den Grad der Verantwortung, den sie zu leisten
hätten?*

Es hat damit zu tun, daß dieses Land nach wie vor auf Identitäts-
suche ist. Verantwortung darf nicht abgetrennt werden in einen
außenpolitischen Komplex. Sie muß aus einem inneren Selbstverständnis erwachsen: Wir sind eine moderne Gesellschaft, eine offene Gesellschaft, eine pluralistische Gesellschaft, eine Gesellschaft
mit einem hohen sozialen und humanitären Anspruch. Das wollen
wir jedenfalls alle sein. Wenn wir dies so definieren, dann ergeben
sich alle anderen Dinge von selbst, sowohl für das Land als auch im
Verhältnis mit anderen Staaten. Statt zu belehren, sollten wir lernen
wollen, was in anderen Ländern passiert, die nach unseren Kriteri-
enkatalogen scheinbar nicht erfolgreich sind. Dabei sollten wir uns
fragen, ob unser Kriterienkatalog stimmt. Ist das, was wir als »Erfolg« bezeichnen, wirklich ein Erfolg? Kann nicht auch ein Land
erfolgreich sein, das hohe Naturschutzressourcen geschaffen hat
und eines, das die Umwelt vernichtet, erfolglos? Was sind also Er-
folge?

*Hat das nicht auch mit der üblichen Kurzatmigkeit der Politik zu
tun? Hat es nicht damit zu tun, daß Regierungserklärungen als Ab-
sichtserklärungen für vier Jahre niedergeschrieben werden, und
daß es darüber hinaus keine Entwürfe für die Zeit nach diesen vier
Jahren gibt?*

Vielleicht war dies nie anders, nur wir wußten es nicht. Die offene
Demokratie zeigt natürlich auch die Schwächen der Handelnden
und der Strukturen, und die Massenkommunikationsmöglichkei-
ten breiten diese Kenntnis sehr viel deutlicher aus, als dies früher
der Fall war. Mit Bildung, Ausbildung, Technik und Kommunika-
tionsmitteln haben wir ein Instrumentarium entwickelt, das de-

mokratisch wirkt, weil es uns wenigstens die Chance bietet, die Probleme weitaus schneller, breiter und tiefer zur Kenntnis zu nehmen, als das noch vor hundert oder zweihundert Jahren der Fall gewesen wäre. Wir haben die Chance des Wissens und des Handelns. Dies allein reicht aber nicht, denn entscheidend ist, sich den Problemen zu stellen, nachzudenken, Entscheidungskompetenz zu schaffen, Entscheidungen zu formulieren, diese immer wieder zu reflektieren und dann aber auch in Handeln umzusetzen. An diesem Scharnier fehlt es.

Wo steht eigentlich deine Generation, die Generation der jungen Europäer? Eine kluge, energische und dynamische Generation, die aber, gebeten mitzumachen, sich häufig genug zurückzieht.

Die junge Generation ist erzogen von einer Elterngeneration, die ihren Individualismus zum Egoismus verpflegt hat, von Erwachsenen, die uns verdeutlicht haben, daß die Werteskala Erfolg und Mißerfolg sich ausschließlich auf äußere, materialisierbare und oberflächliche Dinge bezieht. Man hat deutlich gemacht, daß mit Opportunismus dieser »Erfolg« am ehesten erreichbar ist, und man hat genau das auch selbst vorgelebt. Es gibt aber nichts Fataleres in einem Erziehungsvorgang, als Eltern und eine Gesellschaft, die alles zulassen, weil sie selbst zu träge zum Streiten sind. Streiten ist aber die Voraussetzung dafür, daß man eigene Konturen entwickelt. Dennoch ist diese junge Generation weitaus besser, als man es ihr oft unterstellt. Ich bin überzeugt davon, daß sie lauert, hofft und wünscht, daß man sie aktiviert. Die Frage ist natürlich, wer sie aktiviert und wo die Fragen und Inhalte sind, die sie aktivieren.

Wird Streit in Deutschland nicht im Prinzip immer nur halbherzig geführt, weil die Menschen eigentlich zutiefst harmoniesüchtig sind?

Harmoniebedürfnis ist kein deutsches Phänomen. Es ist menschlich – und trotzdem führt dieses Bedürfnis oft zum Stillstand. In Deutschland gibt es aber zwei Phänomene, die zusätzlich Streit erschweren. Das eine ist die extreme Pönalisierung der kommunistischen Ideologie. Es gibt kein europäisches Land, das nach dem Zweiten Weltkrieg Kommunisten so radikal ausgrenzend und moralisch kategorisierend behandelt hat wie die Bundesrepublik. Das hat mit Sicherheit auch mit der Existenz der DDR als einem kommunistischen Deutschland zu tun. Die Franzosen oder Italiener hatten auch nicht unbedingt eine Affinität zu diesem Extrem, sie waren aber jedenfalls dialogbereit. Sie waren entweder dagegen oder dafür, aber jemand, der sich als Kommunist bezeichnet hat, war deswegen noch lange kein Staatsfeind. Im Gegenteil: In diesen Ländern haben die kommunistischen Parteien sogar beachtliche Ergebnisse bei demokratischen Parlamentswahlen erzielt. Zweitens war beim anderen Extrem, dem Rechtsradikalismus, die Bewußtseinslage von der Haltung »auf keinen Fall, um Gottes Willen nicht« bestimmt, obwohl es nach dem Krieg viele gab, die dem nationalsozialistischen Gedankengut immer noch nahestanden. Es war also ein Nein, das nicht der Realität entsprach. Zwar sind beide Phänomene historisch nachvollziehbar, hatten aber eine grundsätzliche Verengung für politische Konzepte zur Folge. In diesem Rahmen glichen sich viele ab. Jeder hatte Angst, daß er, wenn er an die Grenze dieses Engeren gestoßen war, unter Umständen in den tabuisierten Bereich durchgestoßen wäre. Ich persönlich fand die Tabuisierung des Rechtsextremismus nach den Erfahrungen des Dritten Reiches und des Holocaust richtig. Er hat einen deutlich menschenverachtenden Kern. Der kommunistische Ansatz dagegen ist zwar in seiner diktatorischen Umsetzung für mich indiskutabel, aber in seiner Vision, nämlich dem Versuch, allen Menschen ein gleich gutes Leben, jedenfalls was die ökonomisch-sozialen Voraussetzungen angeht, zu schaffen, ist er von einem extrem menschlichen Gedanken getragen. Wenn dies von einer Diktatur scheinbar umgesetzt, in Wirklichkeit aber mißbraucht wurde, dann wurde es zu Recht abgelehnt. Die politische Vision wird uns allerdings weiter beschäftigen.

Außenpolitik ist nicht nur Europa – oder internationale Bündnispolitik. Es gibt auch die sogenannte Dritte Welt…

Wieso eigentlich sogenannte Dritte Welt? Mit welchem Recht beurteilen wir einen ganzen Kontinent disqualifizierend mit diesem Begriff? Wollen wir damit ausdrücken, daß wir die »erste Welt« sind? Nach der sich jeder orientieren sollte? Ist der technische

Fortschritt auch Maßstab für Menschlichkeit? *Wir* empfinden die moderne, hochentwickelte Gesellschaft als erstrebenswert, *andere* die soziale Solidarität in der Familie. Ist diese Überheblichkeit selbst auf ökonomischen Gebiet noch gerechtfertigt? Indien und Asien dominieren mehr und mehr im produktiven Bereich und dann auch im konsumptiven Sektor. Die Beschäftigung mit diesen Kontinenten wird in Deutschland meist auf den Begriff Entwicklungshilfepolitik reduziert. Der Begriff Entwicklungshilfe ist für mich aber veraltet und in der Abteilung Antiquariat zu begraben. Ich ersetze ihn durch den Begriff Kooperationspolitik. Eine kluge Außenpolitik muß Interdependenzen in Kooperation vor Ort schaffen, sie muß auch mit finanziellen Mitteln eine Politik des Miteinander gestalten.

Wäre diese Kooperationspolitik gegenüber der Dritten Welt oder den unterentwickelten osteuropäischen Staaten ein neues Feld für die deutsche Außenpolitik, auf dem die Deutschen dann weltweit zu einem neuen und qualifizierten Ansehen kommen könnten?

Primär geht es um die Frage, ob das, was wir gestalten, was wir den Menschen als Visionen anbieten, ein Weg ist, der Zukunft ermöglicht. Wenn wir davon ausgehen, daß der Mensch Arbeit haben soll, daß er in einer menschlichen Infrastruktur sein Leben gestalten will, sozial ohne Ängste sein muß, das Ganze im humanen Anspruch einer pluralistischen, geöffneten Welt – dann sind Wirtschaftspolitik, Sozialpolitik, Außenpolitik, Innenpolitik, Kooperations- und Koordinationspolitik ein zusammenhängendes Konzept des Politikmanagements. Wenn wir an einem Gesamtkonzept partizipieren, spielt es keine Rolle, ob wir in vorderster Reihe stehen. Nur ein Team kann die Themen global anpacken.

Im Nahen Osten vollzieht sich ein beeindruckender Friedensprozeß, natürlich mit erheblichen Risiken für die Israelis. Muß von den Deutschen dabei mehr erwartet werden als wohlwollende verbale Begleitung? Könnte sich die deutsche Politik im Nahen Osten intensiver engagieren als nur mit Worten?

Deutschland ist gut beraten, seine Bereitschaft, für den Staat Israel freundschaftlich handeln zu wollen, zu erklären und dann in Übereinstimmung mit den Israelis eine entsprechende Dynamik zu schaffen. Wie sich Deutschland im Nahostkonflikt verhält, ist eine der sensibelsten Fragen der Außenpolitik und gleichzeitig der Innenpolitik. Es ist richtig, daß sich die Bundesrepublik seit Gründung beider Staaten darüber bewußt war, daß sie zu Israel eine besondere Beziehung hatte, die eine »normale« Außenpolitik nicht zuläßt, auch nicht zu den Nachbarn des Staates Israel, die diesem nach wie vor eher feindlich gegenüberstehen. Israel besteht zum großen Teil aus Überlebenden des Holocaust. Deswegen kann sich Deutschland auch nicht hinter der Nahostpolitik der Europäischen Union verstecken, sondern es muß sich immer wieder vergegenwärtigen, daß es eine spezielle Rolle spielen muß, auch wenn es damit teilweise abweicht von den europäischen Partnern. Es ist in dem Bereich aber viel mehr geschehen, als man weithin weiß, und es ist auch gut, daß Deutschland mit seiner engagierten Politik gegenüber Israel eine zurückhaltende Öffentlichkeitsarbeit leistet.

Unter dem leidigen Titel »Ausgewogene Ostpolitik« ist in der Bundesrepublik ein diplomatisch gehobener Eiertanz veranstaltet worden. Ist jetzt, im Verlauf dieses ganz schwierigen und langwierigen Friedensprozesses im Nahen Osten, nicht die Stunde gekommen, sich von alten Formeln zu trennen und etwa, mit Zustimmung der israelischen Regierung, den Palästinensern beim Aufbau eines Gemeinwesens wirtschaftlich unter die Arme zu greifen, ohne dabei die besonderen Beziehungen zum Staat Israel zu vernachlässigen?

Das Thema Naher Osten ist ausgesprochen komplex und vielschichtig. Einige wenige Stichpunkte: Nach wie vor gibt es im Nahen Osten außer Israel keine einzige Demokratie. Die meisten Menschen im Nahen Osten werden von den Diktatoren bewußt in ihrer mangelhaften Bildung gehalten, die ja bis zum Analphabetismus geht. Dabei streiten zwei Diktaturen jeweils untereinander, die religiöse Diktatur des islamischen Fundamentalismus und die ideologische Diktatur der politischen Machthaber. Die arabischen Staaten sind keine homogene, sondern eine extrem heterogene Gruppe, deren Interessenlagen sich zudem permanent ändern. Seit der islamische Fundamentalismus, vorwiegend vom Iran gesteuert, immer

mehr Menschen erreicht, ist eine rationalargumentative Lösungs-
dynamik eher gefährdet. Schließlich: Wer sind die Palästinenser?
Wohin wollen die Palästinenser? Dies sind äußerst schwierige Fragen. Daß Israel sich bereit erklärt, den Weg des Dialogs zu gehen
und damit ein ungeheures Risiko auf sich nimmt, ist zwar Ultima
ratio – aber gleichzeitig eine hohe Gefahr. Das Wesentliche, was die
Welt bei diesem Prozeß zu leisten hat, sind drei Kernpunkte: Erstens alle diejenigen zu schwächen, die mit Terror und Gewalt im
Nahen Osten Lösungen verhindern wollen. Das hat mit dem
Thema politische Unterstützung und Waffenlieferungen zu tun –
da wird viel geheuchelt und gelogen. Zweitens diejenigen Kräfte,
die ein Miteinander unterstützen, durch politische Hilfe zu stärken
– da wird mehr geredet als getan. Und drittens geht dies nur voran,
wenn die Menschen die Überzeugung haben, daß es sich in wirtschaftlicher und sozialer Hinsicht lohnt, den Frieden anzustreben.
Es ist Hauptaufgabe der Welt, diesen Prozeß zu unterstützen,
indem wirtschaftliche Hilfe in nennenswertem Maß gewährt wird
– da wird ebenfalls mehr geredet als gezahlt.

Wo wird geheuchelt und gelogen?

Länder, mit denen Deutschland, aber auch andere freie Länder,
diplomatische Beziehungen und vor allen Dingen Wirtschaftsinter-
essen verbinden, werden geschont, obwohl jeder weiß, daß diese
Länder den Terrorismus unterstützen, zum Beispiel der Iran,
Libyen und Syrien. Da werden Waffenexporte nach wie vor möglich gemacht, offiziell oder durch andere Kanäle. Vor allen Dingen
fordere ich, daß jedes Land, das Terrorismus welcher Art auch
immer unterstützt, geächtet wird. Der Terrorismus ist im dritten
Jahrtausend eine Form des Krieges, und eine der gefährlichsten,
weil er sich ausschließlich gegen die Zivilbevölkerung richtet. Länder, die Terrorismus unterstützen, müssen mit allen Sanktionen, die
möglich sind, bestraft werden. Hier ist die deutsche Außenpolitik,
aber nicht nur die deutsche, inkonsequent und teilweise heuch-
lerisch.

*Vermißt du nicht auch ein sinnvolles aktuelles Programm der deut-
schen Nahostpolitik, sich in angemessener Weise in diesen Prozeß*

einzuklinken? Nicht lautstark, sondern vernünftig, damit für andere Staaten auch erkennbar ist, daß Deutschland sich seiner Verantwortung in diesem schwierigen Prozeß voll bewußt ist?

Die deutsche Außenpolitik ist insgesamt unbefriedigend. Sie erscheint mir konzeptions- und strategielos, gehetzt von pragmatischen Entscheidungen, bar jeder langfristig-rationalen Grundlage. Sie ist zum Teil hilflos. Das alles kann man auch auf den Nahen Osten übertragen. Die deutsche Außenpolitik ist seit vielen Jahren nicht mehr auf der Höhe. Außenpolitik ist auch Menschenrechtspolitik. Die Glaubwürdigkeit nach innen folgt in diesem Fall auch aus der Glaubwürdigkeit nach außen.

Es gab durch den Sechstagekrieg 1967 einen psychologischen Schub ohne Beispiel für Israel. Der heutige schwierige Friedensprozeß kann solche spektakulären Wirkungen nicht haben. Aber könnte man nicht durch aktive Politik einen neuen Schub für den dortigen Friedensprozeß erzeugen und dem neuen Bewußtsein aufhelfen, endlich einen gefährlichen Krisenherd und die Instabilität einer ganzen Region zu beenden?

Wir stehen vor der geschichtlichen Entscheidung, ob der Nahe Osten die nächsten 50 bis 100 Jahre eine kriegerische Gefahrenzone bleibt oder nicht – und wir wissen, daß Krieg schnell über den Nahen Osten hinaus gehen könnte –, oder ob wir erstmals seit der Gründung des Staates Israel eine Mehrzahl von Menschen und Staaten in dieser Region für die friedliche Lösung gewinnen können. Dafür tun wir zu wenig. Denn wenn wir etwas tun, dann nicht nur für den Nahen Osten allein, sondern auch für den Frieden und die Stabilität in Europa.

Muß die deutsche Außenpolitik in ihrer ganzen Verantwortungsbreite für die kommenden Jahrzehnte neu definiert werden?

Mit Sicherheit. Unsere moralische Desorientierung in der Außenpolitik hat sich in den letzten Jahren, etwa bei den falschen Signalen zum Golfkrieg, zu Ex-Jugoslawien und Tschetschenien deutlich gezeigt. Dies spiegelt sich in der Bevölkerung, ihren Repräsentanten und in der inhaltlichen Politik wider. Ohne eine innere Diskussion über die Rolle Deutschlands in der Welt, die Identität und damit die ethische Wertbetrachtung für sich selbst, ist man nicht in der Lage, noch weitaus komplexere und kompliziertere internationale Vorgänge zu analysieren, zu bewerten und daraus Handlungen zu entwickeln. Durch das Aufbrechen der beiden Machtblöcke ist paradoxerweise die Frage militärischer Strategien weitaus aktueller geworden als zu der Zeit, als die Sowjetunion eine Bedrohung darstellte. Diese Debatte sollte bei uns nicht mit dem Thema Verteidigungspolitik beginnen – Einsatz der Bundeswehr ja oder nein –, sondern sie muß beginnen mit der Klärung unserer Grundhaltung zur internationalen Verantwortung und der Aufgabe, aus unserem ethischen Verständnis heraus auf diesen Feldern für uns Definitionen zu entwickeln.

Welche falschen Signale wurden während des Golfkriegs gesetzt?

Ich denke an die ungeheure einseitige Demonstrationswilligkeit der Friedensbewegung.

Das war aber nicht die Regierung…

Ich spreche von der Bevölkerung. Für mich besteht das Land immer noch zuerst aus Menschen. Ich erinnere mich, daß auch auf Regierungsebene Irritationen freigesetzt wurden. Die Bereitschaft, amerikanische Streitkräfte in Deutschland zwischenlanden zu lassen, war äußerst gering. Dieses Phänomen hatten wir übrigens auch schon bei anderen Nahostkriegen. Es war schon erstaunlich, wie mangelhaft die Bereitschaft damals war, Ursachen und Wirkungen differenziert zu sehen und damit Israel zuzumuten, sich weiter bombardieren zu lassen und statt dessen bloß moralische Entrüstung über Krieg zu demonstrieren. Ich vermisse die Friedensbewegung, jetzt bei der barbarischen Auseinandersetzung auf dem Balkan, schmerzlich. Für mich ist es eine der erschreckendsten Realitäten, mit welcher Passivität dieses Unglück in Ex-Jugoslawien hingenommen wird. Keiner kann sagen: Ich engagiere mich nicht, weil es sowieso keinen Sinn hat. Das hätte bei anderen Konflikten genauso gegolten, stimmt aber natürlich nicht. Denn der

99

Druck von Demonstrationen auf der ganzen Welt führt wiederum zu Druck auf die Regierungen, etwas zu verändern. In der inneren Emigration zu jammern, das ist bei einer solchen mörderischen Realität für mich nicht nachvollziehbar.

Ich habe bei einigen Formulierungen durchgehört, daß du scharfe Einwände hast gegenüber der offiziellen Jugoslawienpolitik?

Dieses Unbehagen fing schon bei Hans-Dietrich Genscher an.

Gab es überhaupt eine Jugoslawienpolitik Europas oder Deutschlands? Haben nicht Politik und Diplomatie kläglich versagt?

Die Vielsprachigkeit, Dissonanz und Unkoordiniertheit der Außenpolitik Europas zu Beginn dieses furchtbaren Machtkampfes ist für die mörderische Eskalation mitverantwortlich.

Hättest du eine Option gehabt?

Die Weltgemeinschaft hätte rechtzeitig eindeutige Signale setzen müssen, daß sie die Gewaltspirale nicht hinnehmen wird. Wenn sie dies dann auch umgesetzt hätte, unter Umständen schon damals in einer Kooperation mit dem Osten, vor allen mit Rußland, hätte sich in der ersten Phase der Gewalt wahrscheinlich vieles verhindern lassen. Der Preis für dieses Versagen wird für alle Beteiligten noch sehr hoch sein.

Wie erklärst du dir, daß die deutschen Intellektuellen an dem Disput über Außen-, Verteidigungs- und Kooperationspolitik kaum teilnehmen?

Die Elite Deutschlands befindet sich in einem dramatischen Dornröschenschlaf. Das gilt für die Politik, die Wirtschaft, die Intellektuellen, die Künstler. Von wenigen Ausnahmen abgesehen, herrscht in diesem Land eine deutsche »Gemütlichkeit«. Sie resultiert aus einer Mischung der Generationen, die heute im Establishment ist, nämlich den Ex-68ern, die anscheinend glauben, weil sie in ihrer Jugend aktiv waren, hätten sie ihr Soll erfüllt, und einer neuen

100

Generation, die ausschließlich in der Wohlstands- und Trägheits-maschine Bundesrepublik aufgewachsen ist, einer verbürokrati-sierten Gesellschaft – was sich auch im Kunst-, Kultur- und Jour-nalistenbetrieb wiederfindet. Die deutsche Wirtschaft heute – das sind vorwiegend verbeamtete Manager mit höchsten Gehältern und ohne jegliche Erfahrung eigenen Unternehmertums. Um diese Verkrustung von Privilegien aufzubrechen, bedarf es eines Schocks, einer Krise.

Läßt diese Beschreibung die Zuspitzung zu, daß in der Politik die Mittelmäßigkeit vorherrscht?

Ich gehöre nicht zu denen, die pauschale Urteile fällen. Ich will nicht den in Verantwortung Stehenden vorwerfen, daß sie trotz ihrer Mittelmäßigkeit Verantwortung tragen. Wen das stört, der kann sich selbst der Politik stellen.

V

Gesellschaft und Politik in Deutschland

Ist Berlin die richtige Hauptstadt, der richtige Sitz von Regierung und Parlament? Oder hätte man sich in diesem Europa der Regionen, in dem Hauptstädte ohnehin an Faszination verlieren, Bonn besser vorstellen können?

Ich habe nie verstanden, wieso diese Diskussion die Republik so tiefgehend bewegt hat. Für einige war Bonn gleichbedeutend mit »deutscher Bescheidenheit« und Berlin mit Großmannssucht und Reichshauptstadt. Berlin ist die größte Stadt der Republik, aber ich habe keine Angst vor Berlin. Wenn ich heute Angst vor Berlin hätte, dann müßte ich Angst haben vor Deutschland. Wenn ich aber vor Deutschland insgesamt keine Angst habe, dann vor der Hauptstadt Berlin erst recht nicht. Entscheidend ist der Geist der Republik, der sich in der Hauptstadt wiederfinden wird.

Diese Hauptstadt ist 60 Kilometer von der polnischen Grenze entfernt, sie liegt geographisch bereits in Osteuropa. Wird sich Deutschland dadurch verändern können? Bleibt Berlin als Parlaments- und Regierungssitz ohne intellektuellen Einfluß?

Berlin ist heute schon Schmelztiegel zwischen Ost und West. Dies hat auf die Kulturlandschaft der Stadt einen großen Einfluß. Ob Kulturschaffende und Intellektuelle sich einer Stadt nähern, hat aber mit Sicherheit nichts damit zu tun, ob sich dort eine Regierung befindet oder nicht. Das hat viel mehr mit dem Klima einer Stadt und ihren Bewohnern zu tun. Kreative orientieren sich an einer Atmosphäre von Offenheit und Toleranz, sie brauchen eine offene, vielschichtige, aus Widersprüchen und Spannungen lebende Stadt. Eine Stadt, die Subkulturen neben Hochkultur wünscht, die Spannungen aushält, Freiräume gewährt, die begreift, welche Chance eine Stadt erhält, wenn sie Kultur lebt.

*Wird geistig-moralischer Führungsanspruch auch durch Haupt-
städte symbolisiert?*

Ja. Die großen Metropolen dieser Welt haben immer Intellektuelle
und Künstler angezogen, weil echte Metropolen eigentlich anar-
chisch sind. Vieles passiert unkontrolliert. Eine Metropole definiert
sich auch aus der Fähigkeit heraus, kreative Menschen anzuziehen
und sie nicht nur zu ertragen, sondern sie offensiv zu wollen und
zu suchen. In Deutschland gab es bisher eine solche Stadt nicht.
Das hat auch mit dem Föderalismus zu tun. Man kann zu Berlin
stehen wie man will, es ist die einzige Stadt in Deutschland, die
eines Tages den Namen Metropole verdienen könnte. Von ihrer
Größe und Einwohnerzahl her ist sie es heute bereits, von ihrem
Geist her noch nicht.

*Helmut Kohl hat Helmut Schmidt, damals Bundeskanzler, gegen
Ende der 70er Jahre vorgeworfen, er mache vom geistig-morali-
schen Führungsanspruch keinen Gebrauch. Kohl hat selbst später
ebenfalls überhaupt keinen Gebrauch davon gemacht. Brauchen
wir eigentlich in der deutschen Politik eine solche geistig-moralische
Führerschaft?*

Ich werde immer sehr mißtrauisch, wenn Politiker pauschale geistig-moralische Ansprüche und noch dazu Führungsansprüche
formulieren. Ich möchte lieber geistig-moralische Handlungen bei
ihnen finden und daran erkennen, auf welcher Grundlage ihre
Politik geschieht. Es gibt eine geistig-moralische Realität, die die
Politik zu respektieren und umzusetzen hat: das Grundgesetz.
Alles andere ist Theologie, und die sollte man den Predigern über-
lassen. Wenn also Kohl, Schmidt oder andere als Vorbilder tätig
sind, indem sie sich der Verfassung verpflichtet fühlen, dann ist das
geistig-moralische Führerschaft genug. Das weitere sollte von Wis-
senschaftlern, Philosophen, Künstlern erarbeitet weren. Politik hat
ein tolerantes Klima zu schaffen, um eine offene Kultur zu verstärken.

Aber Treue zur Verfassung wäre doch für politisch verantwortlich Handelnde eine Selbstverständlichkeit! Bietet die Verfassung denn mehr als nur ihren Text? Etwa auch eine Vorbildfunktion?

Aber natürlich. Deswegen ist das Grundgesetz doch eingeteilt in die Grundrechteartikel, die nur mit einer ganz qualifizierten Mehrheit geändert werden dürfen, und die sonstigen. Die Grundrechte beinhalten, neben ihrem juristisch abzufragenden und immer wieder auch objektiv zu kontrollierenden Anspruch, auch eine Wegweisung für das Selbstverständnis von Individuum und Gesellschaft. Würde die konkrete Politik sich eingehender an diesen Artikeln orientieren, dann hätten wir in vielen Bereichen eine weitaus menschlichere Politik als heute noch. Zynismus, Überheblichkeit und Unfähigkeit an der Macht spiegeln oft nur die Tatsache wider, daß viele Politiker immer noch nicht verinnerlicht haben, welch hohe Verantwortung für 80 Millionen Menschen ihnen übertragen wurde.

Warum wird an deutschen Schulen das Grundgesetz stiefmütterlich behandelt?

Es ist richtig, daß man gerade jungen Menschen sowohl den Text selbst als auch die dahinter stehende Philosophie und Ethik und auch die Geschichte seiner Entstehung viel deutlicher erläutern müßte. Staatsbürgerkunde über die Organisationsformen der Republik muß jungen Menschen offensiv vermittelt werden. Natürlich setzt dies voraus, daß man selbst ein solch positiv-offensives Verhältnis dazu hat. Die meisten Repräsentanten der politischen Ebene sind mir viel zu monokausal nur von Politik geprägt. Dies führt dazu, daß die Visionen viel enger ausfallen, als es die Verantwortung erfordert. In einem mehr oder weniger geschlossenen System aus Kleinkariertheit schotten sich diejenigen, die sich innerhalb des Systems befinden, nach innen und außen so ab, daß diejenigen, die es unter Umständen anders machen würden, erst gar nicht drankommen, weil damit auch deutlich würde, wie monokausal tatsächlich agiert wird! Viele, die mehr könnten, haben keine Lust, sich erst durch diese Kleinkariertheit durchschlagen zu müssen, um dann völlig erschöpft vielleicht nur noch für eine kurze Lebensspanne etwas

104

bewegen zu können. Eine der ganz großen Gefahren in der Personalpolitik der politischen Parteien besteht darin, daß sich nicht die Besten, mit der besten Ausbildung, dem besten Wissen und Handwerkszeug in der politischen Führungsschicht wiederfinden. Ich kann der jüngeren Generation jedenfalls nur raten, sich trotz allem und dafür umso deutlicher einzumischen.

Gibt es aber nicht trotzdem eine deutliche Politikverdrossenheit in der jüngeren Generation?

Ich glaube nicht, daß es Politikverdrossenheit je gegeben hat. Es gibt allerdings Politikerverdrossenheit, das heißt diejenigen, die heute in wichtigen Funktionen sind, werden – oft zu Recht – nicht mehr entsprechend ihrer Ämter respektiert. Ein Parlament drückt zwar den Durchschnitt der Bevölkerung aus. Aber wer in politischer Verantwortung steht, der muß wenigstens für sich den Anspruch erheben, mehr zu können, mehr zu wollen, mehr zu leisten, mehr Verantwortung zu tragen und Vorbild zu sein. Die Nivellierung nach unten halte ich für unerträglich. Die Politikerverdrossenheit hat zwei Gründe. Der eine ist, daß Anspruch und Wirklichkeit der Handelnden nicht übereinstimmen, daß Politiker nicht mehr für konkrete Ziele und Vorstellungen stehen. Der zweite, daß die Politiker zunehmend existentiell von ihrem Job abhängig sind. Das ist nicht gut, nicht vertrauenerweckend. Konsequenzen aus Fehlverhalten werden deswegen immer seltener gezogen, was dazu führt, daß der Respekt vor den Handelnden sinkt. In Deutschland wird viel zu selten zugegeben, daß überhaupt Fehler gemacht werden, noch viel seltener werden Konsequenzen gezogen. Als positiv dagegen empfinde ich, daß die Jüngeren Autorität nicht mehr qua Funktion definieren, sondern Glaubwürdigkeit von Personen anerkennen. Die klassischen Honoratiorenrespektverhältnisse bröckeln ab.

Ist Bequemlichkeit zu einer herausragenden Nationaltugend der Deutschen geworden? Und zieht sich diese Bequemlichkeit – im Sinne mangelnder Courage – nicht wie ein roter Faden durch die Politik?

Der Individualismus der 80er Jahre hat sich zum Egoismus der 90er

Jahre pervertiert. Die Privatheit steht weitaus mehr im Mittelpunkt als das Gefühl, sich in gesellschaftspolitischen Fragen zu engagieren. Daß die Politik sich an diesem Phänomen nicht stößt, verwundert nicht, denn ein unkritischer und unengagierter Bürger ist leichter zu behandeln als eine muntere, aufgeweckte und aufmüpfige Gesellschaft.

Es gibt in Deutschland eine Art Sucht nach Realpolitik, wobei eigentlich niemand genau weiß, was das ist. Schließt das aus, gelegentlich auch mal über politisches Utopia nachzudenken?

Gundlage für Realpolitik sind Visionen und Utopien. Realpolitik als Politikkonzept allein halte ich für genauso gefährlich wie ideologische Politik ohne Konkretisierung. Ich erwarte von Politik den Wunsch, Utopien zu formulieren, damit eine Dynamik entsteht, die in konkreten Schritten die Grundidee Realität werden läßt. Wer Verantwortung übernimmt, muß exekutiv sein können, also entscheiden, Entscheidungen aber auch in Realitäten umsetzen. Die schöngeistigen Reden und moralisch-utopischen Anregungen sind zu Recht beim Verfassungsorgan Bundespräsident angesiedelt. Bundeskanzler und Regierung müssen diese Visionen in Politik umsetzen. Ein Regierungschef, der nicht in der Lage ist, politische Visionen in konkrete Schritte aufzulösen und in Handeln umzusetzen, ist ungeeignet für sein Amt. Aber wenn im Handeln des Regierungschefs kein roter Faden zu erkennen ist und der Bürger nicht weiß, wohin die Reise gehen soll, dann ist das erst recht gefährlich.

Warum gibt es keine deutsche Friedenspolitik? Wieso verwenden Parteien und Politiker – nach den Entwürfen von Willy Brandt zur Ost- und Entspannungspolitik – nicht alle Kraft darauf, neue Designs für eine internationale Friedenspolitik zu formulieren?

Ich halte allen Aktiven der demokratischen Parteien zugute, daß sie Friedenspolitik betreiben wollen, Friedenspolitik ist ein Begriff mit einem sehr hohen moralischen Anspruch. Hält Politik diesen hohen moralischen Anspruch überhaupt aus? Läßt zum Beispiel ein Land, das Friedenspolitik formuliert, Rüstungsindustrie zu, noch dazu zum Export? Ist das kompatibel? Oder die Frage der Einmischung beziehungsweise Nichteinmischung in Kriegsgebiete: Kann man als Außenstehender die Kausalkette der Konflikte am letzten Glied beeinflussen, und alles, was vorher war ignorieren? Kann man Friedenspolitik bei der Vernetzung der Welt überhaupt noch isoliert umsetzen? Kann man, wenn die anderen sich in diesem Netzwerk aufgrund egoistischer, strategischer Interessen nicht engagieren wollen, selbst auch auf ein solches Engagement verzichten? Es wäre unverantwortlich, auf diese komplexen Fragen mit Schwarzweiß-Antworten einzugehen. Für mich ist aktive Friedenspolitik immer der Versuch, Konflikte erst gar nicht entstehen zu lassen beziehungsweise sie dort, wo sie entstanden sind, mit nichtmilitärischen Mitteln zu entschärfen. Das sind oft subjektive Probleme von Regierungen, die, wie im privaten Leben, von den Beteiligten selbst gar nicht mehr zu lösen sind, sondern nur mit Hilfe von Außenstehenden. Aus allem Gesagten ergibt sich: Friedenspolitik müßte weit mehr im Vordergrund der Strategie von Regierungen stehen als dies heute erkennbar ist. Sie müßte zudem aus verschiedenen Ressorts zusammengeknüpft werden. Beim Außen-, Verteidigungs- und Entwicklungsminister und in Zusammenarbeit mit dem jeweiligen Wirtschaftsminister müßte konzeptioneller und viel konkreter, als dies momentan der Fall ist, gearbeitet werden. Sie muß sich immer wieder überprüfen, ob sie glaubwürdig Menschenrechte umsetzt. Die gegenwärtige Europapolitik der Bundesrepublik ist für mich eine der herausragenden friedenspolitischen Aktivitäten. Sie knüpft mittlerweile an das Ziel, Entspannungspolitik zwischen Ost und West zu leisten, nahtlos eine europäische Komponente an.

Der etwas abgedroschene Satz, von deutschem Boden dürfe nie wieder Krieg ausgehen, ist noch keine Friedenspolitik. Auch die dürftige Initiative, die UNO zu reformieren, kann doch kein Anschub sein, um eine neue deutsche Rolle in den Vereinten Nationen zu definieren...

Die internationale Einbindung entläßt uns nicht aus der individuellen nationalstaatlichen Verantwortung. Wer vorgibt, aktive Friedens- und internationale Politik nur innerhalb internationaler

Organisationen betreiben zu können, der versteckt sich hinter diesen, statt mit eigenem Gesicht mitzuwirken. Die Hausaufgaben müssen zu Hause gemacht werden. Die Erfahrung aus Deutschland, daß Krieg kein Mittel von Konfliktlösung ist, darf nicht dazu führen, daß man allen, die auf Krieg und Gewalt setzen, signalisiert: Ihr könnt machen, was ihr wollt, wir werden auf so etwas nicht reagieren. Dies ist ein falsch verstandener und ein gefährlicher Pazifismus. Eine Demokratie muß wehrhaft sein, und solange sie demokratisch verantwortlich kontrolliert wird, macht mir dies auch keine Angst. Deutschland darf natürlich nicht seine Politik danach ausrichten, mit militärischen Mitteln bei anderen den Polizisten zu spielen. Es muß in Abstimmung mit den internationalen Partnern neben der eigenen Strategie eine Gesamtstrategie entwickeln. Das kann auch dazu führen, daß Deutschland in Übereinstimmung mit seinen Verbündeten sich mit der Bundeswehr wird einordnen lassen müssen, um Konflikte zu bewältigen. Militärische Intervention muß auch in Zukunft der allerletzte Schritt politischen Handelns bleiben. Wir wissen beispielsweise seit Jahren, daß in Osteuropa eine politische Realität von ungeheurem Explosionscharakter vorhanden ist. Tun wir also bitte nicht dauernd so erstaunt, wenn die Explosionen auch tatsächlich stattfinden. Wir wissen, daß in Südamerika oder in Afrika Situationen entstanden sind, die in diesen Regionen Konflikte hervorrufen müssen. Ich sage *müssen*! Wir, die Weltgemeinschaft, sind also in vielen Bereichen sehr früh gewarnt und würden, wenn wir eine konzeptionelle Friedenspolitik hätten, vielleicht nicht jeden dieser Konflikte verhindern, aber den einen oder anderen denn doch. Jeder verhinderte Konflikt ist echte Friedenspolitik.

Hast du Verständnis für jenen jungen deutschen Wehrpflichtigen, der auf Urlaub zu seinem Vater sagte »Ich möchte nicht in den Bergen von Sarajewo verbluten« und darauf bestand, sich im Fall eines Einsatzes deutscher Soldaten in Bosnien zu verweigern?

Ich habe Verständnis für jeden Menschen, der Angst um sein Leben hat und es nicht in einer kriegerischen Auseinandersetzung einsetzen möchte. Aber jeder einzelne muß sich fragen, ob er diese Haltung auch in Alltagskonflikten einnehmen könnte, wenn Gewaltsituationen entstehen. Etwa wenn in der Straßenbahn, in der er sitzt, ein starker Mensch eine Frau oder ein Kind schlägt. Was ist meine Aufgabe in einem solchen Konflikt? Da muß sich dieser junge Mann, wie jeder andere auch, die Frage stellen: Wenn alle so denken, wer soll mich dann beschützen? Das ist die andere Seite. Wenn der Gewaltbereite spürt, daß diejenigen, die Gewalt ablehnen, aus Egoismus oder berechtigten moralischen Gründen selbst keine Gewalt ausüben wollen, dann wird die Gewalt immer mehr Macht bekommen, bis eines Tages, wenn sie auch uns selbst berühren könnte, überhaupt keiner mehr da ist, der dagegen etwas tun kann. Das Problem bei kriegerischen Auseinandersetzungen ist nur: Wer ist eigentlich der Gute und wer der Böse in diesem Konflikt? Wer hat Recht, wer Unrecht? Das ist häufig so komplex und kompliziert, daß ich es verstehen kann, wenn junge Leute sagen, was habe ich in Jugoslawien eigentlich zu suchen. Wenn aber beispielsweise nicht immer mehr Amerikaner zwischen 1939 und 1945 sich diese Frage mit einem »Ich habe dort etwas zu suchen« beantwortet hätten, dann würde der junge Mann höchstwahrscheinlich heute noch in einer Diktatur leben! Es muß bei jedem militärischen Einsatz ein großes Fragezeichen geben. Einen solchen aber völlig auszuschließen und zu sagen, nur wenn wir unmittelbar angegriffen sind, reagieren wir, verkennt die internationale Dimension von Konflikten. Auch eine demokratische Armee wie die Bundeswehr muß damit rechnen, zur Verfügung zu stehen.

Sollte man das Verfassungsorgan Deutscher Bundestag einschalten, um eine institutionelle Möglichkeit zu schaffen, bewaffnete Einsätze der Bundeswehr irgendwo in der Welt zuzulassen?

Je breiter eine Diskussion ausgetragen wird, die so einschneidend ist für das Schicksal eines Landes und seiner Menschen, desto besser. Gleichrangig ist aber auch die Effizienz des Entscheidungsprozesses. Das heißt: wenn Bundestag, dann bitte keine unendliche Geschichte. Es muß ein Verfahren gefunden werden, das im Einklang mit der Verfassung zu einer Entscheidung führt. Ich habe Vertrauen zu meinem Parlament. Eine breite Debatte mit Gegnern eines solchen Einsatzes kann zu weiteren Sensibilisierungen für diese schwerwiegende Frage führen, jedoch darf die Effizienz der

109

Entscheidungsfindung nicht unter zeitverschiebenden Maßnahmen leiden. Wenn allerdings das Parlament nein sagt, dann würde ich nur ungern die Regierung ermächtigt sehen, trotzdem Einsätze durchführen lassen zu können.

Ist die geographische Lage ihres Landes für die Deutschen, mit den meisten Nachbarländern im Vergleich zu anderen, eine Verpflichtung?

Sie ist vor allen Dingen eine Realität, mit der es umzugehen gilt. Wenn man sieht, wie schlecht Deutschland in der Vergangenheit mit dieser geostrategischen Realität umgegangen ist, dann besteht in der Tat eine Verpflichtung gegenüber denjenigen Ländern um uns herum, denen Unglück gebracht wurde, dies nicht zu wiederholen. Grenzen können, gerade was Handel und Wirtschaft angeht, zu etwas sehr Konstruktivem genutzt werden – indem sie nämlich aufgehoben werden. Der Austausch vieler Menschen um den Nukleus Deutschland herum ist etwas Faszinierendes, das gar nicht weit genug entwickelt werden kann. Dagegen ist jede Form von Ausspielen der Nachbarn untereinander, jeder Versuch, Koalitionen zu Lasten Dritter zu bilden, jede Politik, die Grenzen zu einem Land zu verstärken dazu verurteilt, Gewalt, Aggression und Mißtrauen hervorzurufen, die sich letztlich gegen Deutschland selbst richten werden. Die wichtigste Gruppe dabei ist für mich, neben der Politik, die Wirtschaft. Die meisten Konflikte zwischen Ländern und Völkern können behoben werden, wenn es zu einer wirtschaftlichen Vernetzung kommt, die bei einer eventuellen Aggression die eigene wirtschaftliche Bedrohung nach sich zöge. Schon in den 60er Jahren haben Leute wie Samuel Pisar, der Berater des amerikanischen Präsidenten John F. Kennedey war, versucht, das amerikanisch-sowjetische Verhältnis auf diese Weise zu entkrampfen. Ich glaube an diesen Weg, ich glaube, daß wirtschaftliche Verknüpfungen von Völkern ein Stück Garantie dafür sind, daß Aggression und Gewalt untereinander nicht so schnell ausbrechen. Natürlich ist es außerdem ganz wichtig, die Durchlässigkeit zwischen den Ländern zu erhöhen. Da sind so altmodische Methoden wie zum Beispiel Schüler- und Studentenaustausch unersetzbar. Je mehr junge Leute aus den verschiedenen

Ländern sich begegnen, desto mehr Vorurteile entstehen erst gar nicht.

Verweisen die Deutschen nicht allzu gern auf die jeweilige junge Generation, der der Umgang mit anderen jungen Menschen aus anderen Ländern angeblich leichter falle? Ist das nicht eine Leichtfertigkeit im Umgang mit sich selbst, im Umgang zwischen den Generationen?

Es ist verlogen, denn junge Menschen können nicht das Versagen der jeweiligen älteren Generation kompensieren. Außerdem ist der Anspruch mit der Wirklichkeit nicht deckungsgleich, denn dieses Land läßt junge Leute gar nicht in genügender Zahl zu. Wir haben sowohl in der Wirtschaft als auch in der Politik, überall wo die »Elite« zusammenkommt, einen relativ hohen Altersdurchschnitt. Das Land ist in der Alterspyramide nach wie vor hierarchisch aufgebaut. Diese Hierarchie ist kontraproduktiv, denn sie führt dazu, daß via Alter Barrieren entstehen. In der Politik ist der Altersdurchschnitt aus meiner Sicht um zehn Jahre zu hoch. Ich wünsche mir, daß diese Republik den Jüngeren und Jüngsten offensiver Verantwortung überträgt. Das Land ist in Fragen des Alters konservativ und spießig. Es ist kaum vorstellbar, daß in Betrieben sehr viel Jüngere Älteren als Vorgesetzte vorstehen. Auch junge Spitzenpolitiker um die 30 sind schwer vorstellbar. Junge Leute stehen für mich aber für Experiment und Veränderung, für Abkehr vom Bestehenden. In der gegenwärtigen Stimmung ist dies nicht erwünscht. Insofern haben es junge Menschen in Deutschland schwer. Leicht haben sie es erst, wenn sie einmal in einem bestimmten Zug fahren, dann ist die Stabilität ihrer Karriere nach wie vor gegeben. Aber diese Stabilität bedeutet gleichzeitig eine Lähmung, weil sie dazu führt, daß diese jungen Leute, am ersten Bahnhof angekommen, sich fragen: Lohnt es sich, hier auszusteigen und auf ein völlig neues Gleis zu setzen, oder ist es nicht besser, mit der Sicherheit der Deutschen Bahn von Station zu Station zu fahren.

Liegt es auch daran, daß die Ausbildungswege in der Bundesrepublik so lang sind? Daß es so entsetzlich lange dauert, bis jemand nach Abschluß einer akademischen Ausbildung mit ungefähr 30

111

Jahren ins Leben tritt und sich dann erst einmal für ein paar Jahre bewähren muß, wenn andere in anderen Staaten längst in Verantwortung stehen?

Quantität ersetzt nie Qualität. Die Ausbildungszeit in Deutschland ist viel zu lang, nicht praxisorientiert, nicht straff und diszipliniert genug. Das führt dazu, daß viele Studenten eine zu lange Studienverweildauer haben. Ich frage mich, ob wir es uns im internationalen Wettbewerb leisten können, junge Leute so lange auszubilden. Ich halte es für fahrlässig, jungen Menschen den Eindruck zu vermitteln, sie könnten ruhig trödeln, obwohl sie im Vergleich etwa zu amerikanischen oder gar asiatischen Gleichaltrigen drei oder vier Jahre hinterher sind. Diese Jahre sind nicht einholbar.

Wäre es gut und richtig, in diesem Land Elitebildung durch Eliteschulung herbeizuführen?

Ja. Ich bin Anhänger einer Ausbildung für Höherbegabte. Nicht um die Elite zu privilegieren, sondern weil das Schulsystem die beste Ausbildung für den jeweiligen Stand der Fähigkeiten der Kinder gewährleisten muß. Es müßte von den Niedrigbegabten bis zum Höchstbegabten immer die beste Ausbildungspädagogik und intensivste Zeitbetreuung ermöglicht werden. Ich bin also ebenso offensiv für eine Elitenausbildung wie für die optimale Ausbildung behinderter Kinder. Die Höchstbegabtenausbildung zu vernachlässigen, weil wir uns in der Grundsatzfrage nicht einigen können, das ist für ein Land, das vorwiegend von seinen *human ressources* lebt, ein großer Fehler. In Frankreich oder Amerika ist Hochbegabtenförderung völlig selbstverständlich.

Ist der vielbeschworene Föderalismus in Zeiten internationaler Bildungssystemkonkurrenz eine Bremse? Müßte es nicht eine über die Bundesländer hinausgehende Initiative geben, um zu neuen Normen in unserem Ausbildungssystem zu kommen?

Ich nehme das föderative System sehr ernst und empfinde es als etwas Positives. Diesen Grundsatz möchte ich auch nicht verändern, aber in der Bildungs- und Schulpolitik sind zwischen den

Bundesländern mittlerweile ungeheure Unterschiede vorhanden. Ich erwarte aber, daß jedes Kind, egal wo es innerhalb Deutschlands aufwächst, in Bildungsqualität und -angebot ein gleiches Niveau erhalten kann. Das ist nicht mehr der Fall und muß korrigiert werden. Zudem glaube ich, daß in der Bildungspolitik auch ein über das jeweilige Bundesland hinaus gedachtes Konzept immer notwendiger wird. Bildung und Ausbildung sind das Kapital, das wir Kindern und Jugendlichen für ihr Leben mitgeben. Es ist das Zukunftskapital einer Gesellschaft, erst recht einer Dienstleistungsgesellschaft.

Wieso sind Kultur- und Schulpolitik für die Bundesländer heilige Kühe? Würde unser föderaler Aufbau seine Existenzberechtigung verlieren, wenn sie davon etwas abgäben?

Länderpolitik definiert sich über Kultur- und Bildungshoheit, Fragen des Polizeirechts und ein Stück Planungsrecht, das dann an die Kommunen delegiert wird. Das sind die Kernbereiche von Länderpolitik. Diese anzutasten, stellt ihre Berechtigung in Frage. Dennoch halte ich Länderpolitik und Föderalismus für eine wesentliche Verstärkung der Demokratie in Deutschland. Sie verteilen die Macht. Allerdings müssen die Länder sich bewußt werden, daß sie in einigen Fragen gerade dieser Kernbereiche über Ländergrenzen hinaus koordinierter agieren müssen. Daß die Länder die Bildungshoheit haben, heißt nicht, daß sie sowohl in Form als auch Niveau eine grundsätzlich unterschiedliche Bildungspolitik betreiben können dürfen. Dies führt bei Eltern und Kindern zu Irritationen und vor allen Dingen dazu, daß wir in der Qualität unserer Ausbildung nicht dem internationalen Level entsprechen. Nun gibt es allerdings kaum ein Land der Welt, daß ein so breites Durchschnittsniveau der Ausbildung hat wie die Bundesrepublik. Auf der anderen Seite haben wir, ebenfalls wie kaum ein anderes Land in Europa, ein niedriges Niveau in der Qualität der Spezialisierung der Ausbildung.

War es eine verpaßte Gelegenheit, mit der Vereinigung nicht doch noch einmal den Versuch zu machen, zu einer Länderneugliederung im Sinne effektiver Ländereinheiten zu kommen? Hätte man

*nicht besser auch bei den neuen Ländern lebensfähige, wirtschaft-
lich kräftige Organisationsformen entwickelt, statt Rücksicht auf
die Geschichte vergangener Jahrzehnte zu nehmen?*

Ich hätte mir gewünscht, daß wir spätestens mit der Vereinigung über
eine Reorganisation der Bundesländer nachgedacht hätten. Dies hätte
allerdings vorausgesetzt, daß ein Bundesland bereit ist, sich abzu-
schaffen. Ich kenne aber keinen Politiker und keine politische Spitze,
die dazu die Kraft gehabt hätte. Es hätte allerdings Deutschland und
der Zukunft des Föderalismus zweifelsohne gut getan, wenn wir
diese Reformkraft aufgebracht hätten. Einziger Lichtpunkt ist momentan die Zusammenlegung von Brandenburg und Berlin.

*Reform der föderalen Wirklichkeit, Reform der Länder – immer
wieder Reform. Ist dieses Wort nicht inflatorisch mißbraucht?*

Der Begriff Reform wird zu Recht verwendet. Das Gefühl, ihn
nicht mehr hören zu können, hat eher damit zu tun, daß dort, wo
er eingesetzt wurde, es nur selten auch zu einer Reform gekommen
ist. Man kann sich also des Eindrucks nicht erwehren, daß dann,
wenn jemand über Reformen spricht, dies getan wird, um
Nebelkerzen zu werfen statt zu reformieren. Eine Gesellschaft ist
aber immer genötigt, sich zu reformieren, weil Reform nichts anderes bedeutet als Dynamik zu produzieren, Statik aufzuheben,
den Status quo zu hinterfragen – also etwas, das jedes Unternehmen, jede Gesellschaft, jede politische Institution immer wieder betreiben sollte. Viele Menschen verweigern sich dem, weil es
für sie auch immer wieder ein Stück Arbeit bedeutet. Geschieht
Reform nicht, akkumuliert sich Reformdruck, was dazu führt, daß
früher oder später entweder Strukturen explosionsartig zusam-
menbrechen, oder die Reform mit ungleich schmerzhafteren und
oft ungerechteren Konsequenzen durchgeführt werden wird und –
eigentlich verhinderbare – Gefahren entstehen.

*Wäre es nicht an der Zeit, die Ziele der notwendigen Reformen end-
lich zu definieren? Wer definiert die Reformziele eigentlich?*

Theoretisch jeder einzelne Bürger, die Elite, Gruppierungen, die

114

daraus entstehen, Zweckgemeinschaften, die sich in ihrem Reform-denken zusammentun. Real wird aber zu wenig gehandelt. Wir brauchen, um die vier wichtigsten Reformfelder anzusprechen, erstens eine Reform der Bundesländer, es gibt zu viele. Stattdessen bräuchten wir mehr Regionen, die miteinander verbunden sind, um effizient zu bleiben und ihre Aufgaben zu erfüllen. Wir brauchen zweitens eine deutliche Reform unseres gesamten Bildungs- und Ausbildungssystems. Wir brauchen eine moderne und verantwortungsvolle Debatte über das Verhältnis von Wirtschaft, sozialer Verpflichtung und ökologischer Verantwortung. Wir brauchen viertens eine Reform der gesamten Gesetze und Verordnungen der Bundesrepublik. Wieviel Verordnungsunsinn wollen wir uns eigentlich noch selbst verordnen? Die Politiker verstehen ihre eigenen Gesetze nicht mehr. Für ein demokratisches Gemeinwesen ist es aber essentiell wichtig, daß der Bürger im großen und ganzen eine hohe Übereinstimmung mit den Gesetzen seines Landes entwickelt und daß er diese Gesetze weitgehend auch ohne Anwälte und ohne Profis verstehen kann. Dazu gehören Steuergesetzgebungen, Planungs- und Baugesetzgebung und die Gesetzgebung der inneren Sicherheit. Wenn wir nicht die Kraft haben, diese zu entrümpeln, dann wird es eine weitere Entfremdung geben zwischen den Bürgern und den Gesetzen, die ihr Leben mit organisieren. Dies könnte üble Folgen haben.

Reform wäre dann ein Obertitel für die Reduktion staatlicher Maßnahmen in fast allen Bereichen?

Unbedingt. Der Staat mit allen seinen Nebenstellen muß minimiert werden. Der Staat hat seine Funktion mit einem Minimum an Präsenz, institutioneller Tätigkeit und einem Minimum an Einwirkung auf das alltägliche Leben zu erfüllen. Eine Inflation staatlicher Maßnahmen führt zu einer Entmündigung des Bürgers, zu Verantwortungsverschiebung, Passivität und Anonymisierung des Handelns.

Aber sind die Bürger nicht eigentlich willens und bereit, die Regelungen entgegenzunehmen, weil es auch bequem ist, in einem Staat zu leben, der fast alles regelt?

Ich halte eine solche Argumentation für unredlich. Wer politische

Macht verliehen bekommen hat, muß sich zurücknehmen. Die Menschen wollen nicht in allen Bereichen durch irgendeine staatliche Institution »richtig« und »unrichtig« vorgeschrieben bekommen. Es gibt eine Wechselwirkung zwischen einer so geschaffenen Situation und dem Bürger, der so erzogen wird, aber keiner freut sich darüber, wenn er überreglementiert wird. Es muß wieder mehr Freiräume geben, aus denen sich der Staat heraushält. Die Vereinigten Staaten von Amerika sind in diesem Bereich für mich ein positives Beispiel: ein Land, das mit extrem wenig Regelungen auskommt und deswegen auch extrem wenig politisches und Verwaltungspersonal braucht.

Es gibt soziales Gefälle in der Wohlstandsgesellschaft Deutschland. Ist der Begriff Zweidrittelgesellschaft politisch verantwortlich?

Zu viele Menschen müssen in diesem Land außerhalb des sozialen Netzes leben. Die Gleichgültigkeit der Mehrheit in der Gesellschaft darüber beunruhigt mich. In einer Gesellschaft, die sich daran gewöhnt, daß Menschen auf der Straße leben müssen, daß Menschen ohne Arbeit sind, auch und gerade junge Menschen, in der man sich an den Gedanken gewöhnt, dies sei auch nicht veränderbar, in einer solchen Gesellschaft entsteht eine Enthumanisierung, die mich sehr besorgt. Sowohl diejenigen, die außerhalb dieses sozialen Mindestnetzes leben müssen, als auch die, denen es egal ist, daß das so ist, leiden unter gefährlicher Enthumanisierung, die alle anstecken könnte. Und eins kommt hinzu: Artikel 1 des Grundgesetzes – »Die Würde des Menschen ist unantastbar« – ist für mich nicht nur eine geistig-politische, sondern auch eine soziale Aussage. Armut ist nicht menschenwürdig.

Ist es nicht fast ein Wunder, daß bei einem Arbeitslosensockel von etwa 3,5 Millionen es dort, wo die Probleme besonders groß sind, im Ruhrgebiet oder in Sachsen-Anhalt, nicht zu sozialen Unruhen gekommen ist? Ist das Ausdruck von Gleichgültigkeit oder politischer Reife?

Das hat vor allem etwas mit unserem sozialen System zu tun. Dieses hat bewirkt, daß diejenigen, die keine Arbeit haben, eine gewisse Zeit mit einem relativ hohen Sockeleinkommen leben, damit sie nicht gleich aus ihrer sozialen Schicht hinauskatapultiert werden. Es hat auch damit zu tun, daß diejenigen, die arbeitslos werden, eine bestimmte Zeitlang noch Hoffnung auf neue Arbeit haben. Aber es wäre fahrlässig, die Gefährlichkeit dieser Situation zu unterschätzen. Menschen ohne Arbeit haben zwei grundsätzliche Probleme: Das eine ist die ökonomisch-existentielle Seite, das andere das Selbstwertgefühl. Ein arbeitsloser Mensch verliert Anschluß an seine bisherige soziale Umwelt und erschreckt diejenigen, die Arbeit haben, weil sie spüren, wie fragil ihr eigener Zustand ist. Diese Entwicklung halte ich für die bedrohlichste Konsequenz, denn die Frustration des Lebens und Alltags ist, je länger sie dauert, desto gefährlicher für den einzelnen und damit für alle zusammen. Vor allem die Jugendarbeitslosigkeit ist das Destruktivste und Unglücklichste, was diese Gesellschaft sich antun kann. Sie bedeutet, daß die Jugend, die gerade beginnt, ihr Leben in der Gemeinschaft zu leben, sich von dieser fundamental zurückgewiesen fühlt. Ich halte das für eine der dramatischsten Realitäten jeglicher Gesellschaft. Ein junger Mensch, der noch nie im Arbeitsprozeß war und der in dem Alter, wo er in den Arbeitsprozeß hineingehen sollte, dort nicht hineinkommt, während dies seinen Freunden gelingt, der braucht eine sehr lange Eingliederungszeit. Die Disziplinierung durch den Arbeitsalltag ist ja nichts Selbstverständliches. Diese Zurückweisung produziert möglicherweise junge Menschen, die gar kein Problem damit haben, diese Gesellschaft als nicht erhaltenswert anzusehen und die sich gegen das System und gegen diese Gesellschaft wenden. Hier entsteht ein ausgesprochen bedrohliches Potential. Gesellschaft, Wirtschaft und Politik, alle diejenigen, die Arbeitsplätze schaffen sollen, versagen. Viele der sogenannten rechtsradikalen Aktivitäten haben sich mit Sicherheit auch aus dieser Gruppe Jugendlicher gespeist, die sich von allen in allem verlassen und im Stich gelassen fühlen. Und ich frage mich, ob dieses ihr subjektives Gefühl des Alleingelassenseins nicht teilweise zu Recht entstanden ist.

Driftet diese junge Generation nicht ohnehin auseinander? Die Generationen der Jungen in Deutschland/West und Deutschland/Ost finden nicht zueinander...

Wir sind viel zu ungeduldig. Es handelt sich um Menschen, Schicksale, Familien, um mehrere Jahrzehnte, die zu überbrücken sind. Das geht nicht in fünf Jahren. Zudem besteht ein Ost-West-Konkurrenzverhältnis. Jeder Jugendliche in Leipzig und Dresden fühlt sich von einem jungen Menschen aus München oder Düsseldorf, der in Ostdeutschland seine Koffer auspackt, bedroht. Teilweise aus dem unberechtigten Minderwertigkeitsgefühl heraus, dieser Düsseldorfer habe bessere Voraussetzungen auf dem Arbeitsmarkt. Umgekehrt sieht man, wenn junge Leute aus den neuen Bundesländern in die westlichen Städte ziehen, daß dort junge Leute genauso Angst um mögliche Arbeitsplätze haben. Es herrscht also eine Kluft aus Konkurrenzneid und Vergangenheitsbildern – ich glaube aber nicht, daß die Zukunftsträume dieser jungen Menschen auseinandergehen. Nur die Vergangenheitsbilder, auf denen diese Träume basieren, sind verschieden. Hier muß noch viel getan werden. Erst wenn es für einen Münchner so aufregend ist in Dresden ein Wochenende Urlaub zu machen wie in Köln oder Hamburg, und wenn die, die aus Leipzig nach Stuttgart kommen, sich genauso ungezwungen fühlen und angenommen werden, können sich die Probleme auflösen.

Tun die Politiker genug, um zumindest die Rahmenbedingungen für diese junge Generation so zu verbessern, daß eines Tages eben doch eine Chance besteht, in einem normalen Arbeitsleben Tritt zu fassen?

Ich kann nicht nachvollziehen, daß Jugendzentren und andere Jugendinstitutionen geschlossen werden. Ich würde mir vielmehr wünschen, daß im Jugendbildungs-, Erziehungs- und Ausbildungsbereich mehr Ausbildungsplätze geschaffen werden. Die einzige Investition, die sich jederzeit lohnt, ist die Investition in die Jugend! Die Zinsen, die wir von dieser Investition erwirtschaften, werden immer sehr hoch sein, und das Sparen an der Jugend führt nicht zu einer Verringerung der Zinsen, sondern geht langfristig an das Grundkapital. Der Staat kann allerdings die familiäre Erziehung nicht ersetzen. Da hapert es in der westlichen Welt und auch in Deutschland ganz gehörig.

Was ist los mit der deutschen Familie?

Es gibt die klassische Familie nur noch zu fünfzig Prozent. Damit meine ich nicht die Ehe, die fünfzig Jahre zu halten habe, sondern die Verantwortungsübernahme der Erwachsenen für ihre Kinder und der Kinder für ihre Eltern, also die Akzeptanz gegenseitiger Verantwortung. Dies beginnt in der Zelle der Familie. Wo die Erwachsenen Solidarität und Aufopferung nicht mehr vorleben, werden es die Kinder auch nicht lernen. Solche Dinge kann der Staat nicht ersetzen. Hier setzt sich die Tendenz zum Egoismus des einzelnen in der Addition zweier Egoismen, die sich dann Mann und Frau nennen, fort. Leiden muß das Kind. Und leiden wird letztlich die Zukunftsfähigkeit Deutschlands.

Bist du damit in deiner Generation ein einsamer Rufer in der Wüste? Wirst du als altmodisch belächelt, wenn Du für die Verantwortungsgemeinschaft Familie plädierst?

Ich plädiere nicht für eine »intakte« Familie. Eine Familie, in der sich zwei Erwachsene nicht mehr verstehen, darf man nicht zwanghaft fortsetzen. Nur: Die Verantwortung für das Kind, auch füreinander, hört mit dem Ende der Gefühle der Partner zueinander nicht auf. Es mag sein, daß dies altmodisch klingt. Ist es aber nicht. Ins Politische übertragen heißt das Solidargemeinschaft. Das ist eine Gesellschaft, die begreift, daß der einzelne Mensch der Hilfe anderer Menschen bedarf, um sein Leben menschlich zu leben, und daß dies ein Vertrag auf Gegenseitigkeit ist. Und zwar kein kalter, formaler Rechtsakt, sondern einer, der getragen werden muß von der inneren Haltung der Menschen. Andernfalls werden wir zu einer Enthumanisierung der Seele und der Realität des Lebens gelangen, bei der dann das einzelne Leben keine Bedeutung mehr haben wird.

Ist die Schaffung eines solidarischen Verhaltens durch Familienpolitik möglich?

Nicht allein durch Familienpolitik. Es beginnt mit dem altmodischen Begriff des Vorbildes. Das Kind erfährt als erste Vorbilder seine Eltern. Aber wir haben auch kollektive Vorbilder. Ob das Künstler sind oder Politiker, Journalisten, Sportler oder Wissenschaftler. Wir erleben immer wieder, was Menschen, die populär sind, uns vorleben, vorzeichnen, vorgeben. Wir erleben das bei unseren Vorgesetzen, unserem Professor an der Universität oder dem Meister im Betrieb. Wir erleben permanent, wie Menschen, die ein Stück Verantwortung für andere haben, sich zueinander verhalten.

Hat das traditionelle Vater- oder Mutterbild in einer Gesellschaft wie der unsrigen, mit vielen Herausforderungen und Unsicherheiten, noch seine Berechtigung?

Soweit dieses alte Vater-Mutter-Bild davon ausging, daß die Älteren einem sagten, wie man es machen soll, war es nicht immer richtig. Denn wie es die Alten gemacht haben, so kann man es in der nächsten Generation meist nicht mehr nachmachen. Man kann aber trotzdem davon lernen, wie die Älteren gelebt haben. Das hat nicht nur damit zu tun, daß sie den Jungen als emotionales und soziales Netz zur Verfügung stehen müssen, wie die Jungen irgendwann den Älteren zur Verfügung stehen werden. Die junge Generation braucht immer ein Stück Fundament, auf dem sie aufbauen und ihren eigenen Weg gehen kann. Der Jugend Mut zum Eigenen zu geben, also Vertrauen zu haben, loszulassen und nicht die Imitation des Gestrigen zu erwarten, ist die wahre Leistung von Liebe und Erziehung.

VI

Das Parteiengefüge und die CDU

Was reizt einen Mann um die 40 an einer Partei wie der Christlich-Demokratischen Union, die doch weitgehend immer noch eine Honoratiorenpartei ist? Ist man da nicht in der Minderheit?

Ich war mir schon früh bewußt, daß die Tatsache, daß ich lebe, keine normale Zufälligkeit ist, sondern aufgrund der Geschichte meiner Familie eine privilegierte. Auch meine Mutter oder mein Vater hätten in KZs der Nazis umgebracht werden können, dann hätte es mich nicht gegeben. Daraus folgte für mich, mich zu engagieren, um ein Stück des geschenkten Lebens zurückzugeben. Zurückgeben, daß man lebt und in einer Zeit leben kann, in der Frieden und Freiheit herrschen und man sich in einem Lebenszustand befindet, in dem man nicht hungern oder existentielle Not leiden muß. Ich habe bei allem Engagement nie darunter leiden müssen, daß ich jung war. Wer sich gesellschaftspolitisch engagiert, muß dem Ziel selbst einen hohen Stellenwert in seiner Lebensbilanz zubilligen. Letztlich zählt immer nur der einzelne, seine Qualifikation und Professionalität. Allerdings ist richtig, daß in großen Apparaten immer noch viele in Verantwortung stehen, die eigentlich abtreten müßten. Das wird dann zum Problem, wenn daraus ein Stau für diejenigen entsteht, die Leistungsqualität bieten, sie aber nicht einbringen können, weil diese Leute die Positionen blockieren. Auch in der CDU ist die Anzahl der Personen, die eigentlich nicht mehr Funktionsträger sein sollten, nicht unerheblich. Die Altersstruktur der Partei in den verantwortlichen Schlüsselstellungen ist allerdings auf Länderebene relativ jung. Dort sind nicht wenige Fraktions- und Oppositionsführer unter 40 Jahre alt. Ich würde dies gern auf Bundesebene und in der Bundesregierung wiederfinden. Das Problem der Honoratioren ist, daß sie die eigene geistige Trägheit auch von anderen erwarten, damit nicht bemerkt wird, daß sie selbst träge geworden sind. Wenn sich aber jemand anpassen soll, dann nicht die geistig Wachen den Trägen, sondern umgekehrt. Wenn sie das nicht können, werden sie gehen müssen.

Aber diese Partei wird nach wie vor nach dem Patriarchenprinzip geführt. Wo sind denn demokratische Tendenzen zu erkennen, dieses abzulösen?

Es ist immer auch das Umfeld, das dem Patriarchen seine Macht gibt. Und wenn der Patriarch dies spürt, dann greift er auch zur Macht. Das ist menschlich. Das gleiche gibt es in der Wirtschaft. In der CDU verdanken immer weniger Leute Helmut Kohl ihre Führungspositionen. Die Zukunft wird von einem anderen Führungsteam geprägt sein. Wer das ist, weiß heute noch keiner. Ich muß aber, bei aller Kritik, die ich am Führungsstil Kohls habe, auch sagen, daß er mittlerweile den Wandel souveräner erträgt als noch vor ein paar Jahren, weil er wohl auch selbst der Überzeugung ist, daß Parteivorsitz und Kanzlerschaft überblickbar ihr Ende finden.

Hatte Biedenkopf vor Jahren Recht, als er die Trennung von Parteivorsitz und Kanzlerschaft forderte?

Nein. Diese Frage, die in allen Parteien immer wieder dann diskutiert wird, wenn Leute das eine oder andere Amt freischaufeln wollen, um es besetzen zu können, ist eine Scheindebatte. Ich glaube, daß Bundeskanzler oder Ministerpräsidenten sich mit ihrer Partei, die ihnen über die Fraktion die parlamentarische Legitimation gibt, synchron bewegen müssen. Die Partei ist der geistige Mittelpunkt, aus dem der Regierungschef wächst. Es könnte kaum gutgehen, wenn zwischen diesem ideologischen Mittelpunkt und dem Regierungschef eine Lücke entstünde. Ein dynamischer Regierungschef sorgt auch für eine dynamische Partei. Als Biedenkopf mit anderen zusammen seinen Vorschlag formulierte, bestand das objektive Defizit, daß der Regierungschef nicht mehr für eine dynamische Partei sorgte.

Worin besteht das Phänomen Helmut Kohl? Ist es der hohe Grad an Identifizierung mit dem normalen Durchschnittsbürger? Ein Bundeskanzler, in dessen Hülle Millionen andere Menschen passen, weil sie genauso sind wie er?

Das ist mit Sicherheit eine der Attraktionen dieses Mannes. Eine zweite ist sein ausgeprägter Machtinstinkt. Man muß in dieser Funktion ein Machtmensch sein, mit allen charakterlichen Vor- und Nachteilen. Das ist er. Zudem genießt er dieses Amt. Er signalisiert den Menschen: Ich bin es gern, nicht *ich* tue euch einen Gefallen, sondern *ihr* tut mir einen Gefallen, indem ihr meinem Leben dieses Geschenk macht, regieren zu dürfen. Er ist jemand – das kann ich jetzt sagen, nachdem ich ihn in den Gremien besser kennengelernt habe –, der besser zuhören kann als man annimmt. Man muß ihn nur erstmal ununterbrochen reden lassen. Wenn er dies getan hat, hört er auch zu und nimmt auf, wenn er merkt, daß der andere recht hat. Daneben ist er ein ausgesprochen instinktiver und intelligenter Mensch, mit einem eigenen langfristigen Politikkonzept. Seine wichtigste Überzeugung ist Europa, daneben der soziale Frieden, und außerdem, daß Deutschland mehr konservative Identität haben sollte. Er ist ein Mann des Volkes, der machtlustig und zugleich machtfähig ist.

Wie kommt es, daß dieser Mann kein Verhältnis zu den Intellektuellen findet? Wie kommt es, daß die Elite in Deutschland sich seit vielen Jahren von diesem Mann abgewendet hat und ihn eigentlich nur noch als eine komische Figur ansieht?

Das hat sich in letzter Zeit geändert. Man witzelt nicht mehr so viel über ihn. Und es gibt mittlerweile wieder mehr Berührungen mit Intellektuellen – aber natürlich nicht annähernd das, was sein müßte. Beide Seiten haben gegenseitige Vorurteile und beide liegen damit häufig falsch. Kohl hat aus vermeintlichen Minderwertigkeitsgefühlen heraus oder auch aus dem Gedanken, daß das, was die sagen, auch wenn es intelligent klingt, nicht unbedingt intelligenter ist als das, was andere Leute sagen, keinen besonderen Kontakt zur intellektuellen Welt gepflegt. Schon vor seiner Zeit als Bundeskanzler nicht. Die Intellektuellen haben ihn nur vor dieser Zeit einfach nicht wahrgenommen. Aber wieviele Ministerpräsidenten werden von Intellektuellen überhaupt wahrgenommen? Und als er Bundeskanzler wurde, gab es natürlich keinen politischen Zugang zu diesem Kanzler, weil die Intellektuellen der 70er und 80er Jahre sich alle als links verstanden, auch wenn sie es nicht unbedingt waren. Es gab von beiden Seiten eine Art Sprech- und

123

Denkverbot über die ideologischen Grenzen hinweg. Und dabei ist es ja eigentlich der Sinn eines Disputes, daß man aus unterschiedlichen Perspektiven miteinander einen Dialog führt. Diese Diskussionskultur hat das Land, unabhängig von Helmut Kohl, immer noch nicht. Man debattiert nebeneinander statt miteinander, dies führt zu geistiger Armut. Dennoch würde ich mir wünschen, daß der Bundeskanzler ein inneres Bedürfnis hätte, mit Intellektuellen im Gespräch zu sein. Auch hier gilt es, Vorbild zu sein.

Dann wäre also Helmut Kohl exakt der Bundeskanzler, den die Deutschen, denen, wie du sagst, die Diskussionskultur weitgehend abhanden gekommen ist und die bequem geworden sind, zur Zeit verdienen – ein Bundeskanzler, der genau diese Bequemlichkeit zum eigenen Zweck nutzt?

Dazu kann man nur ja sagen. Er ist in seinem Selbstverständnis ein Kanzler, der das Volk vertritt. Ich gehöre aber nicht zu den arroganten Sprücheklopfern, die das als negativ empfinden. Viele Intellektuellendispute sind Selbstbefriedigungsrituale, die oft nur durch die ritualisierte Haltung zu etwas Höherem aufgeblasen werden. Aber ein Kanzler hat trotzdem die Verpflichtung, die geistige Auseinandersetzung im Land zu fördern, anzuregen und zu ermöglichen und im Land eine Stimmung zu kreieren, die dies als Bereicherung empfindet: Streit auf höchstem Niveau zu betreiben. Daß er dieses nicht leistet, ist ein Vorwurf, der ihm zu machen ist.

Diese CDU ist eine Kohl-CDU. Hat er dafür gesorgt, daß die Partei exakt so zahm ist wie momentan? Will er eine Partei, die politische Anstöße blockiert?

Wenn ich meine ehrliche Wahrnehmung wiedergeben will, muß ich zwiespältig antworten. Beim Parteitag 1994 fand ich bemerkenswert, wie er die Frauenquote formuliert und verteidigt hat. Ich kenne keinen Parteivorsitzenden, außer bei den Grünen, der sich so vehement gegen die Tendenz eines großen Kreises Delegierter für ein – aus konservativer Sicht – so sensibles Thema engagiert hat wie er. Mit der festen Argumentation: Wir müssen Zukunft schaffen und das bedeutet, die Defizite aufzuarbeiten. Ich kenne andererseits aber auch kaum einen Parteivorsitzenden, der so offen Gedanken, die ihm nicht gefallen, zu unterdrücken versucht wie er. Machtauseinandersetzungen gibt es überall, das ist kein Kohl-Phänomen. Er ist nur anscheinend der bessere Machtstratege als beispielsweise sein Kollege Scharping. Nun weiß ich nicht, ob ich ihm das vorwerfen kann. Sein größter Nachteil besteht darin, daß er damit vielen anderen in der Partei Angst macht – die übrigens eigentlich keine Angst haben müßten. Andererseits wollen wir hier keine falschen Märtyrer schaffen: Rita Süssmuth ist immer noch Bundestagspräsidentin, Richard von Weizsäcker war trotzdem Bundespräsident und selbst Heiner Geißler ist stellvertretender CDU/CSU-Fraktionsvorsitzender im Bundestag. Viele Kohl-Kritiker sind in anderen, ebenfalls nicht unwichtigen Funktionen geblieben. Kohl scheint also keine Totalverhinderung zu wollen, sondern er ist klug genug, die Partei nicht zu überfordern. Das könnte ihn auch sonst seine ganze Autorität kosten. Insgesamt ist die CDU seit Anfang der 90er Jahre ein gutes Stück entspannter von Kohl und Kohl von der Partei geworden.

Aber wäre ein Mann wie Geißler, der eine Art selbständige politische Einheit ist, nicht eine Girlande für diese Partei? Bekäme es dieser CDU nicht gut, ihn mit kreativen Ideen viel stärker in die Partei einzubinden?

Man darf nicht vergessen, daß, wo auch immer Heiner Geißler auftritt, er für die CDU auftritt, daß er trotz aller Widerstände auch im Vorstand der Partei mitwirkt und daß er mittlerweile, durch seine erfolgreiche Präsenz in der Öffentlichkeit, ein großes Stück Unabhängigkeit von der Gnade und der Meinung des Parteivorsitzenden erlangt hat. Die CDU gönnt sich zu Recht den Widerspruch, ihn bei Parteitagen immer wieder mit Applaus und hohen Abstimmungsergebnissen auszustatten und trotzdem zuzulassen, daß Kohl der »Chef« ist. Das zeigt den Pluralismus der Partei und den Wunsch, beide Positionen und beide Formen von Politik zu ermöglichen und als Orientierung für viele mitzugeben. Und es ist sicherlich eine Orientierung für junge Menschen, wenn Opportunismus nicht nötig ist, wenn man für seine Überzeugung Konflikte eingehen muß und trotzdem dabeibleiben kann. Geißler ist für

125

mich einer von denen in der Partei – und dazu zähle ich auch Wolfgang Schäuble, dessen Positionen nicht immer die meinen sind, den ich aber als einen strategischen und langfristigen Denker respektiere –, von denen es in der Politik und auch in unserer Partei gar nicht genug geben kann. Es ist gut, daß Geißler nicht mehr von einer Ministerverantwortung erstickt wird. Wenn ich mir seine Funktionen betrachte und die fortwährende Wiederbestätigung dieses Mannes in seinen Ämtern, dann sage ich: Die CDU erträgt ihn nicht nur, sondern sie trägt ihn. Daß es Leute gibt, die ihm nicht folgen, ist in einer solchen Volkspartei legitim. Ich bin auch froh, daß es Rita Süssmuth gibt, und Klaus Töpfer und Norbert Blüm, Johannes Gerster, Volker Rühe, Mathias Wissmann und Friedbert Pflüger. Ich bin froh, daß es Koch, Müller, Escher und Oettinger gibt. Dennoch würde auf einigen Feldern der Partei ein bißchen mehr Bewegung noch besser tun, weil es dem Land besser täte. Ich wünschte mir zum Beispiel, daß wir endlich eine liberalere Innen- und Ausländerpolitik gestalten. Ich kann den Kurs von Manfred Kanther nicht nachvollziehen. Ich halte ihn nicht für zukunftsträchtig. Wir müssen souveräner und großzügiger werden, nicht bei Quantitäten und Quoten, sondern in der Grundhaltung. Da gibt es einige, die den Wagen mit zwölf Zylindern fahren wollen und andere, die ihn mit vier fahren. Aber es gibt niemanden, der den Motor überhaupt nicht anstellen will. Das unterstelle ich wenigstens keinem in der Führung der CDU.

Dennoch sieht es häufig genug so aus, als sei Heiner Geißler nur ein willkommenes Firmenschild, ein Etikett für besondere Ansprüche, die durch das Verhalten der Führung mehrheitlich nicht gedeckt sind. Also Auslauf für Heiner Geißler – aber wo bitte sind seine programmatischen Inhalte in der Politik der Union geblieben?

Macht hat viele Ebenen. Eine der Ebenen besteht im gesellschaftlichen Einfluß und Beinflussen, und hier bewegt sich Heiner Geißler. Viele seiner Impulse haben in der CDU zu anderen politischen Entschlüssen geführt, als sie ursprünglich angeboten wurden. Teils ist seine Handschrift deutlicher, teils weniger deutlich zu spüren, aber ohne sein Engagement und seine Einflußnahme würden viele Fragen, auch innerhalb der Politik der CDU, anders positioniert werden. Und er steht nicht nur für sich. Er hat zum Beispiel sehr früh begonnen, über die multikulturelle Gesellschaft zu reden, als das in der CDU bei den meisten überhaupt kein Bedürfnis war, geschweige denn als politische Notwendigkeit angesehen wurde. Heute sind diese Themen aber in weiten Bereichen unserer Partei enttabuisierter als noch vor Jahren. Wenn ich mir zum Beispiel Rheinland-Pfalz anschaue und Johannes Gerster oder auch Manfred Rommel in Stuttgart. Das Thema wird heute weitaus offensiver in der CDU diskutiert als noch vor einigen Jahren. Und diejenigen, die diskutieren, werden auch Politik daraus machen. Auch Schwarz-Grün ist ein Thema, das zu verschiedenen Zeiten verschieden diskutiert wurde. Aber heute gibt es schon einige Kommunen, und zwar nicht nur ganz kleine Städtchen, in denen es schwarz-grüne Kommunalkoalitionen gibt. Jeder ist sich bewußt, daß es nur noch eine Frage der Zeit ist, wann es auch auf Länderebene eine schwarz-grüne Koalition geben wird. Auf Bundesebene bin ich allerdings noch für lange Jahre dagegen. Vorwiegend weil die Grünen sich auf vielen bundespolitischen Feldern, zum Beispiel Verteidigungs- und Außenpolitik, noch nicht endgültig definiert haben. Ich koaliere aber nicht mit jemandem, ohne daß ich bei solch elementaren Fragen weiß, wo mein Koalitionspartner steht.

Hätte ein Mann wie Geißler bereits eine Mehrheit in der Partei, wenn es aus Sicht der Christlich-Demokratischen Union zum Schwur käme über eine grundsätzliche Beantwortung der Frage, ob Schwarz und Grün zusammen eine politische Zukunftschance haben?

Da muß man differenzieren. Es gibt Landesverbände, in denen sich diese Mehrheiten finden würden. Und es gibt Landesverbände, wo dies nicht der Fall ist. In der Bundespartei mit Sicherheit nicht. Auf Bundesebene würde übrigens aus heutiger Abstimmungssituation auch Heiner Geißler nicht für Schwarz-Grün plädieren. Aber Kohl selbst spricht heute anders von Schwarz-Grün. Allein die Tatsache, daß er sagt: Heute ist das für mich kein Thema, aber in zehn Jahren kann man nochmal darüber reden, spricht für sich. In der CDU vertreten Johannes Gerster, Klaus Escher, Bundesvorsitzender der Jungen Union, und Peter Müller aus dem Saarland die Öffnung zu

127

Schwarz-Grün. Koalitionsspielereien muß man allerdings unter verschiedenen Gesichtspunkten sehen. Farbenspiele geraten oft zum Farbenchaos, können aber auch zu positiven Überraschungen führen. Junge Menschen zwischen 20 und 30 haben eine ganz andere Beziehung zu den Grünen. Sie haben beispielsweise die fundamentalistischen Grünen nie erlebt. Anders als in den 70er Jahren werden sie nicht mehr sagen: Ich halte die Grünen für eine grundsätzlich bedenkliche Partei, sondern eher: Ich mag deren Politik oder nicht. Nicht die CDU und die Grünen allein profitieren von dieser Entwicklung, sondern die gesamte politische Kultur in Deutschland. Und schließlich: Koalitionen dürfen nicht von der Zielsetzung her bestimmt werden, ob zwei Parteien die absolute Mehrheit numerisch erreichen, sondern danach, ob sie glaubwürdig gemeinsam Politik gestalten können, dabei ihre Identität behalten und dadurch der Wähler ihnen abnimmt, daß es bei solchen Koalitionen primär um Inhalte gegangen ist. Die Grünen sind heute als eine Partei respektiert, die demokratisch organisiert ist und mit der man sich über konkrete politische Visionen streiten muß, wie mit jeder anderen Partei auch. Auch bei den Realo-Grünen hat sich durchgesetzt, daß dieser alte stereotype Aufschrei, CDU bedeute altfaschistisches Deutschland, so denn doch nicht stimmt. Ich plädiere allerdings dafür, daß die CDU selbst die wichtigen Fragen aufgreift, diskutiert, sich aktualisiert und damit glaubwürdig für Wähler anderer Parteien – auch der Grünen – eine Alternative wird. Ich will eigene Mehrheiten und nur hilfsweise Koalitionen.

Kohl ist der Macht- und zugleich Hoffungsträger dieser Partei – ein Mann von 65 Jahren als Hoffungsträger! War es ein strategischer Fehler von ihm, die Begrenzung seiner Amtszeit als Bundeskanzler und als Parteivorsitzender öffentlich bekannt zu geben?

Ich bedaure, daß er das formuliert hat. Ich halte es für falsch, sich vorzeitig einzuengen. Die Partei hätte das mit Sicherheit nicht verlangt. Es gibt keinen objektiven Grund dafür, warum Helmut Kohl innerhalb der Legislaturperiode aufhören sollte. Auch zum Zeitpunkt seiner Erklärung gab es in meinen Augen keinen Grund für diese. Aber da das Wort nun einmal gefallen ist, messe ich den Bundeskanzler der Bundesrepublik Deutschland und den Parteivorsitzenden der CDU an seinem Wort – wie ich auch den Bundespräsidenten daran messe, daß er gesagt hat, er stehe für eine zweite Amtszeit nicht zur Verfügung. Das sind essentielle Glaubwürdigkeitsfragen. Er hat sich erklärt, ich sage nochmals: ohne Grund und für mich auch ohne Sinn. Sollte er aber davon abrücken, so wird er nur mit einer offenen Argumentation seine Glaubwürdigkeit behalten können.

Gibt es etwas, was dich an Helmut Kohl fasziniert?

Drei Hauptsäulen seiner Politik entlocken mir politischen Respekt. Das eine ist die Vision Europa, die er, wie kaum ein anderer Politiker in der Bundesrepublik – und nicht erst seit ein paar Jahren, sondern zeit seines politischen Auftretens – transportiert hat und die er auch mit sehr viel Dynamik umsetzt. Das ist eine der wesentlichen friedensstiftenden Aktivitäten. Zweitens: die Vereinigung.

Ist die wirklich ausschließlich sein Werk?

Ausschließlichkeit gibt es in der Politik nicht. Aber die Management-Entscheidung – und sei sie auch nur aus dem Bauch gekommen – die Gunst der Stunde zu nutzen, die kam von Helmut Kohl. Viele, die sich damals zögerlich, skeptisch und ablehnend verhielten, fahren heute auf seinem Ticket. Das dritte: Kohl ist sozialer orientiert als viele glauben. Damit stabilisiert er den sozialen Frieden, der eines der grundlegenden und wichtigsten innenpolitischen Felder ist. Aber faszinieren, nein. Ich finde die Art, wie er machtpolitisch und menschlich agiert, nicht erstrebenswert.

Was macht eigentlich diesen Widerspruch bei Helmut Kohl aus, der immerhin seit dem 1. Oktober 1982 Kanzler der Bundesrepublik Deutschland und seit 1973 Vorsitzender der CDU ist, daß die Leute einerseits die Nase rümpfen, wenn sein Name genannt wird, ihn aber andererseits die Mehrheit der Bürger immer wieder wählt?

Er ist seiner Politik in den großen Linien immer treu geblieben. Man kann darüber streiten, ob man diese Politiklinien teilt, aber er gehört jedenfalls zu den ganz wenigen Politikern, die ein deutliches inhaltliches Profil haben. Er gilt für viele als zuverlässig und berechenbar, was Menschen gerade in der Politik schätzen und in diesen Zeiten des Wandels scheinbar brauchen. Wichtig erscheint mir auch, daß er nicht opportunistisch handelt. Sein Erfolg hat aber auch mit der Realität des politischen Angebots bei der Konkurrenz in den Oppositionsparteien zu tun. Es lohnt sich, daran zu erinnern, daß Kohl Kanzler wurde, nachdem Schmidt von seiner Partei im Stich gelassen wurde. Wenn man sich die Spitzenkandidaten der SPD anschaut, von Jochen Vogel und Johannes Rau bis Oskar Lafontaine und Rudolf Scharping – sie konkurrierten immer nur für kurze Zeit – so fehlten denen entweder Charisma, politische Berechenbarkeit oder die Durchsetzungskraft in der eigenen Partei. Dafür aber steht Helmut Kohl. Man könnte also auch sagen, daß es keine echten Alternativen gibt. Zudem darf man nicht vergessen, daß in einer schwierigen Zeit, wie der, in der sich Europa und Deutschland momentan befinden, die Wähler meist davor zurückschrecken, die Pferde zu wechseln. Das ist die Chance der CDU und die Chance Helmut Kohls.

Wie hat es die CDU so lange mit Helmut Kohl ausgehalten?

Man könnte oberflächlich und kurzsichtig formulieren, der Erfolg spricht für die Strategie von Helmut Kohl: Immerhin hat er es geschafft, zwei Jahrzehnte lang Bundesvorsitzender zu sein und diese Partei über ein Jahrzehnt als Regierungspartei zu etablieren. Ich halte diesen Führungsstil aber für nicht nachahmenswert. Eine Partei muß auch in der Führung Bewegung im Sinne erneuernder Gedanken und Konzeptionen verinnerlichen, und dies beinhaltet auch die Akzeptanz von Konzeptionen, die sich gegen die Führung richten, ohne deswegen gleich die Autorität der Führung insgesamt angezweifelt zu sehen. Denn das ist Führungsqualität in einer modernen Gesellschaft: Daß die Führung es nicht als Bedrohung empfindet, wenn Gedankengänge diskutiert werden, denen sie nicht zustimmt, sondern daß sie die Sachebene von der Personalebene zu trennen weiß. Das geht in der politischen Arena manchmal durcheinander, weil oft Intrigen statt Inhalte den Schwerpunkt bilden. Das personifizierte CDU-Image ist sehr problematisch. Ich

130

halte es für unprofessionell, wenn emotionale oder andere Belohnungen durch einen Parteivorsitzenden nur dann stattfinden, wenn man sich ihm menschlich und inhaltlich unterwirft. Mit mir ist dies jedenfalls nicht zu machen und wird dies auch nicht zu machen sein.

Was wird aus der CDU, wenn ihr Vorsitzender Helmut Kohl von dem Podest, auf das er sich selbst gestellt hat, heruntersteigt und freiwillig geht?

Wie immer nach einer langjährigen, relativ autoritären Führungsära – auch wenn sie erfolgreich war, und das war sie – werden sich plötzlich Kräfte entwickeln, die schon lange schlummern, teilweise in Nischen, teilweise auch schon in führenden Funktionen. In manchen Bereichen werden sich natürlich auch Krisen entwickeln, die das Vakuum dieser Führungsdominanz unvermittelt deutlich machen werden, und es wird Überraschungen geben, von denen heute noch gar nicht vorausgesagt werden kann, wie sie sich inhaltlich und personell gestalten. Die CDU ist eine große Partei mit vielen Menschen, die aktiv sind. Deswegen bin ich überzeugt, daß es nach Kohl konstruktiv weitergehen wird. Niemand ist unersetzbar, auch Helmut Kohl nicht. Wo sich möglicherweise herausstellen wird, daß er unersetzbar war, wird man nachträglich feststellen müssen, daß er der Verantwortung von Führung nicht gerecht geworden ist. Denn eine gute Führung übergibt die Firma bzw. die Partei in geordneten Verhältnissen, das heißt auch mit einer Personaldecke für eine neue Führung.

Welche Rolle spielt Wolfgang Schäuble in diesem Zusammenhang?

Wolfgang Schäuble ist einer der wichtigsten politischen Köpfe der CDU und Deutschlands. Ich stimme nicht in allen Fragen mit ihm überein. Aber er ist dialogfähig, er will die politische Auseinandersetzung und ringt um langfristige Konzepte. Seine Rolle in der Zukunft kann momentan überhaupt niemand bestimmen. Die CDU hat aber, gerade in der jüngeren Generation, quantitativ wie qualitativ ein Führungspersonal entwickelt, das beachtenswert ist. Auch hier kann nicht vorhergesagt werden, wie einzelne sich entwickeln, wenn ihre Stunde gekommen sein wird, um Verantwortung, auf welchem Platz auch immer, zu übernehmen. Was die Frage der Kanzlernachfolge angeht, so ist allerdings in der Tat noch keine Vielzahl von Namen auszumachen. Aber dieses Amt ist ein so außerordentliches, daß seit Gründung der Bundesrepublik die meisten, die Bundeskanzler geworden sind, erst in diese Rolle hineinwachsen mußten. Es hat doch kaum Kanzlerkandidaten gegeben, von denen man vor der Wahl mit tiefer Überzeugung sagen konnte, hier sei die Person gefunden, auf die die Republik seit langem gewartet hat. Es wird halt alles anders sein, und das ist auch gut so.

Es gibt eine Frage, die öffentlich nicht diskutiert wird, weil man glaubt, dies gebiete die Pietät, die Frage nämlich: Kann Wolfgang Schäuble mit seinem schrecklichen und tragischen Schicksal überhaupt die Kraft aufbringen, Vorsitzender dieser Partei, Kanzlerkandidat zu werden und Helmut Kohl in diesem Amt zu folgen?

Ja. Ich halte es für unerträglich, bigott und unmenschlich, einem Menschen, der eine körperliche Behinderung hat, aufgrund dieser Behinderung dieses Amt zu verwehren. Es geht um die geistige Leistung, die Kraft, die ein Mensch aufbringt. Wenn man sich vergegenwärtigt, welche Leistung Schäuble schon als Fraktionsvorsitzender erbringt, dann ist dieses Thema nicht zu reduzieren auf seine körperliche Behinderung. Eine humane Gesellschaft, die ihren Umgang mit Behinderten als eine Herausforderung an ihr Denken und Fühlen versteht, Gleichberechtigung zu schaffen, keine Diskriminierung, kann nicht gleichzeitig, wenn es um dieses Amt geht, das diskriminierende Argument wieder aufwärmen. Es wird für einen Behinderten schwerer sein, er wird möglicherweise andere Präsenzprioritäten setzen. Er wird sicher das eine oder andere delegieren. Aber die körperliche Behinderung Wolfgang Schäubles als Unmöglichkeit für das Bundeskanzleramt zu diskutieren, das ist mit mir nicht zu machen. Ich plädiere dafür – unabhängig davon, ob er eines Tages Kandidat sein wird oder nicht –, daß in der Debatte über diese Frage ein solches Argument keine Rolle spielt. Ich sage das nicht aus Pietät, sondern aus der tiefen Überzeugung, daß es kein ernstes, sondern ein vorgeschobenes Argument wäre. Und ich sage dies nicht allein wegen Wolfgang Schäuble, sondern wegen der vielen körperlich Behinderten, die

uns mit ihrem Leben beweisen, daß wir das Thema noch viel zu
sehr mit Vorurteilen behandeln.

*Was will Schäuble eigentlich, der sich gelegentlich auch als »Chef-
denker« der Union artikuliert? Will er eine bürgerlichere Union?
Eine nationalere Union? Eine christlichere Union? Die strategischen Linien des Denkens und der Anstöße dieses Mannes sind gelegentlich für die Parteiöffentlichkeit verwirrend, möglicherweise
auch für die breite Öffentlichkeit.*

Es widerstrebt mir, in einer Demokratie einen »Chefdenker« anzunehmen, das erinnert mich an totalitäre Ideologien. In der CDU
gibt es viele und vielschichtige Denker. Er ist in der Tat widersprüchlich, aber mir ist lieber, daß jemand Widersprüche erträgt
und sich trotzdem in die Debatte einbringt, um dann aus der Debatte heraus Klarheiten zu schaffen. Ich folge ihm nicht in seinem
Bestreben, die »Nation« wieder zu einem zentralen Thema der politischen Diskussion zu machen, das ist für mich ein künstlich auf-
geblasener Punkt. Wenn es denn heute eine Nation gibt, dann ist es
die europäische Nation, bestehend aus Regionen, auch der deutschen, auch den Regionen der Länder. Wer dies nicht sieht, der hat
Europa in seiner Realität nicht begriffen und der geht einen Schritt
zurück. Ich will die Realität, daß es die europäische Nation gibt, in
den nächsten Jahren deutlich stärken. Frankreich ist kein Ausland
im klassischen Sinn mehr, sondern ein Land, in das ich ohne Aus-
weiskontrolle reisen kann, wie auch von Bayern nach Hessen.
Diese wichtige Entscheidung gilt es jetzt zunehmend mit politischer Realität auszufüllen. Die Rechtsprechung in Deutschland ist
bereits jetzt keine deutsche Rechtsprechung mehr, sondern eine europäische. Über fünfig Prozent der Gesetze, die im Deutschen
Bundestag beschlossen werden, orientieren sich schon heute am
europäischen Recht. Das Bundesverfassungsgericht prüft die Gesetzgebung längst nach europäischen Gesetzgebungsprinzipien,
und nationales Recht wird heute nicht nur dann gekippt, wenn es
dem Grundgesetz widerspricht, sondern auch, wenn es europäischen Gesetzen zuwiderläuft. Ich würde mir deshalb wünschen,
daß, wenn Schäuble und andere schon über Nation diskutieren, sie
es in diese Dimension umsetzen. Aber in vielen anderen Punkten,

133

die Schäuble anpackt, sage ich, es ist wichtig, daß wir sie anpacken und darüber reden und daß eine Diskussionsatmophäre herrscht, die nicht autoritär ist und im Monolog vorgetragen wird, sondern die die Antworten auf Impulse in Gleichberechtigung der Individuen und der Meinungen aufzunehmen in der Lage ist. Dazu ist Wolfgang Schäuble bereit.

Es ist interessant zu sehen, daß in Schäubles Rückbesinnung auf die Nation auch die Vereinigung Deutschlands eine Art »unvergeßlichen Wert« bekommen soll. Ist das der strategische Versuch, durch Besinnung auf eine nationalere Gangart die Vereinigung Deutschlands auch als einen ständigen Aktivposten christdemokratischer Politik zu manifestieren?

Die Vereinigung ist ein jahrzehntelanger Prozeß gewesen, der mit Konrad Adenauer begonnen hat, von Willy Brandt fortgesetzt wurde und bei Helmut Kohl zum Abschluß gekommen ist. Sie ist das Resultat einerseits der vertrauensbildenden Realitäten aller Demokraten und aller Parteien seit 1948, andererseits das Ergebnis einer pragmatischen Politik gegenüber dem Westen und gegenüber dem Osten: aktiv die Verantwortung aus dem Dritten Reich und dem Zweiten Weltkrieg zu übernehmen und entsprechende politische Entscheidungen zu treffen, also auch das Engagement innerhalb der Bündnisse, ob das EU, NATO, UN oder sonstige internationale Tätigkeiten sind. Sie ist weiterhin das Ergebnis einer erfolgreichen Gesellschaft, die den Anspruch, eine humanitäre, soziale und wirtschaftlich erfolgreiche Demokratie aufzubauen, in weiten Zügen konsequent durchhält. Sie ist die Abarbeitung des Vertrauensvorschusses, den die Weltgemeinschaft diesem Land und seinen Menschen im Jahr 1945 gegeben hat, und der sich in den knapp 50 Jahren Bundesrepublik weitgehend auch bestätigt hat. Es ist daneben die ungeheure Leistung von Millionen Menschen, Deutschen aus der DDR, die es geschafft haben, einem totalitären Regime, als es schwach wurde, ohne Gewalt den Todesstoß zu geben und sich zu befreien. Und es ist schließlich auch der Erfolg von Helmut Kohl als dem Motor der CDU, der dies in Politik umgesetzt hat. Das hätte aber nie geklappt, wenn die internationale Staatengemeinschaft dem nicht zugestimmt hätte. Die Vereinigung ist also ein Aktivposten für viele Menschen, so daß es Mißbrauch eines historischen Entwicklungsprozesses wäre, sie im Alleinvertretungsanspruch für die CDU zu reklamieren. Richtig ist aber auch, daß außerhalb der CDU und außer Helmut Kohl nur wenige Leute dies – in der Entwicklung der letzten zehn Jahre, und in dem Augenblick, als es möglich wurde – so gesehen und dann Politik daraus gemacht hätten. Es gab in der SPD auch einige, aber ganz wenige, etwa Willy Brandt, die an der Seite Helmut Kohls gestanden haben.

Will Schäuble nicht dennoch eine Kontinuität christdemokratischer Politik konstruieren, indem er eine Linie zieht von jener programmatischen Vorstellung der Union in den 60er, 70er und 80er Jahren, daß die Einheit Deutschlands das Thema deutscher Politik sein müsse, bis zur Vollendung dieser Einheit, um damit ein Copyright christdemokratischer Politik auf eine vorgeblich konsequente Entwicklung – von der Forderung nach Einheit zur Einheit selbst – für sich zu reklamieren? Und als Folge dieser Politik hätten die Deutschen sich, bitte schön, auch auf eine nationalere Denkart einzustellen?

Dies wäre unredlich, denn auch in der CDU gab es viele, die sich vom Einheitsgedanken entfernt hatten. Richtig ist, daß der Parteivorsitzende und um ihn herum ein paar wesentliche Führungspersonen immer an die Vereinigung geglaubt haben und dafür eingetreten sind. Allerdings führt die Vereinigung nicht kausal zu einem neuen Nationalbewußtsein, sondern eher dazu, daß man sich nun, aus der Souveränität – im doppelten Wortsinn – heraus dem europäischen Gedanken weiter öffnet und intensiver widmet. Das stärkere Deutschland kann sich noch entspannter in diese europäische Idee hineinfinden, weil es nun sowohl qualitativ als auch quantitativ tatsächlich Einfluß nehmen kann. Wer die Vereinigung allerdings dazu nutzen möchte, Deutschland isoliert zu einem starken Nationalbewußtsein zu führen, das sich nicht in eine größere Ideen- und Organisationsform einbindet, der wird dieses Deutschland und Europa in Gefahr bringen. Mein Verständnis von Stärke ist souveräne Bescheidenheit, nicht zu verwechseln mit falscher oder gar strategischer Bescheidenheit. Daß ein Land mehr Men-

135

schen hat, heißt noch lange nicht, daß es besser, klüger oder wichtiger ist als Länder, die diese Quantitäten nicht aufbringen. Der Föderalismus innerhalb der Bundesrepublik hat sich auch nur halten können, weil wir ihn nicht nach quantitativen Überlegungen organisiert haben. Auch Europa ist ein föderatives Staatenbündnis und wird nur so lange funktionieren, wie wir die erfolgreichen Methoden, die Deutschland, das föderalistischste Land Europas an sich selbst erlernt hat, auf Europa übertragen.

Schäubles Anstöße haben sicher auch den Grund, daß die Union in dieser mit der FDP zusammen gebildeten Bundesregierung zwei wesentliche Ressorts nicht besetzt, das Außen- und das Wirtschaftsministerium. Versucht Schäuble, die Mißlichkeiten dieser Kabinettskonstruktion durch inhaltliche Vorgaben auszugleichen und der Union die schmerzlich vermißte Kompetenz auf zwei wichtigen politischen Feldern zu vermitteln, um für den Fall der Fälle gewappnet zu sein, auch diese klassischen Ressorts wieder christdemokratisch zu besetzen?

Es muß dringend eine bessere und konzeptionellere Außen- und Wirtschaftspolitik gestaltet werden, als dies momentan von den Herren Kinkel und Rexrodt geschieht. Unabhängig davon ist es aber unersetzlich, daß die Regierungs- und Volkspartei CDU gerade auch in diesen Bereichen in einer lebendigen Diskussion steht, denn dies sind die globalen Themen unseres zu Ende gehenden Jahrtausends. Hier muß jede Partei zu einer aktiven und dynamischen Debatte für die Zukunft kommen.

Die FDP ist seit Bestehen der Bundesrepublik eine Funktionspartei und meist, wie auch jetzt wieder, im Bündnis mit der Union. Ist es eigentlich begreifbar und plausibel, daß eine Partei mit knapp sieben Prozent der Wählerstimmen nach Koalitionsverhandlungen am Ende doch drei nach außen hin sehr wirksame klassische Ressorts besetzt?

Anscheinend haben alle kleinen Parteien die ihnen von der Demokratie gegebene Kraft, sich die Komplettierung der absoluten Mehrheit mit einem hohen Preis bezahlen zu lassen. Ich hätte überhaupt nichts dagegen einzuwenden, wenn dies durch personelle und inhaltliche Kompetenz gerechtfertigt wäre. Wenn dies nicht gegeben ist, ärgert es mich. Momentan ärgert es mich sehr. Das sage ich nicht aus Schadenfreude, im Gegenteil, ich möchte diese Partei dazu ermutigen, endlich wieder Inhalte zu entwickeln, die sie identifizierbar machen. Die FDP könnte heute eine weitaus wichtigere Bedeutung haben, wenn sie sich intensiver ihren klassischen Bereichen, wie der liberalen Rechts- und Innenpolitik und den Menschenrechtsfragen, zuwenden würde und unter Umständen darin auch die CDU bedrängen würde. Sabine Leutheusser-Schnarrenberger und Cornelia Schmalz-Jacobsen sind wichtige Vertreterinnen dieser Politik. Die FDP hat eine wichtige Rolle in der Zeit der sozial-liberalen Koalition gespielt. Sie hat Willy Brandt ermöglicht, und Willy Brandt hat die Ostpolitik gestaltet. Dies ist für mich ein ganz entscheidender Einschnitt in der Gesamthistorie der Bundesrepublik, für Deutschland, Europa und die Welt. Sie hat in dieser Zeit zudem Korrekturen der Innen- und Rechtspolitik organisiert, was ebenfalls ein enorm wichtiger Beitrag zur Geschichte Deutschlands war. Ihr zweiter unersetzbarer Beitrag war die liberal-konservative Koalition und damit, den Nato-Doppelbeschluß mit Helmut Kohl ermöglicht zu haben. Seitdem verliert sie sich immer mehr. Zurück zu den Kernthemen – sie sind so aktuell wie eh und je – und die FDP wird wieder attraktiv.

Die FDP will ja auch die Partei der Menschenrechte sein, die Partei des Rechtsfriedens. Hat sie dafür Ideen geliefert, die auch politisch operativ umgesetzt werden können?

Wenn ich mir anschaue, welche Außenpolitik die FDP fährt, dann frage ich mich, ob in diesem ihrem ureigensten Ressort, wo man sich insbesondere für Menschenrechte in der internationalen Politik einsetzen kann, sich dieser Anspruch noch wiederfindet. Wenn *das* die besondere Anstrengung für Menschenrechte sein soll, dann ist der Maßstab doch allzu niedrig! Die Konflikte in Europa machen unsere Lippenbekenntnisse zu echten Prüfsteinen, die mit viel direkteren Konsequenzen behaftet sind, als wenn wir uns für Menschenrechte in Gebieten eingesetzt haben, die weiter von Deutschland und Europa entfernt sind. Man kann leicht verbale

137

Kraftakte für Menschenrechte formulieren, ohne Konsequenzen organisieren zu müssen. Anders ist es aber im ehemaligen Jugoslawien oder der früheren Sowjetunion, in Rußland und der Türkei: da wirken solche Worte kaum glaubwürdig, wenn ihnen nicht Taten folgen. Selbstkritisch muß allerdings vermerkt werden, daß auch die CDU hier weitaus mehr Profil entwickeln müßte.

Wäre es nicht für die deutschen Parteien insgesamt eine tolle Sache, sich in Europa und weltweit zu einem deutlich erkennbaren Anwalt der Menschenrechte zu machen? Oder ist das letztlich nur ein Thema für die Liberalen?

Nein, und es ist auch keine besondere Aufgabe Deutschlands, sondern aller demokratischen Länder. Dies ist bei der heutigen Komplexität von Außenpolitik überhaupt nicht mehr von einem einzelnen Land zu leisten. Das kann aber keine Entschuldigung für ein Land sein, in diesem Orchester nur eine Nebenrolle zu spielen. Jedes Instrument muß vielmehr versuchen, das Orchester lautstark und effizient zu verstärken. Darin verbirgt sich letztlich die Frage: Was bin ich bereit an Engagement einzusetzen, um Menschenrechte durchzusetzen? Was ist der demokratische Ansatz? Hier wiegen die Verlogenheit und Schizophrenie der Außenpolitik der freien Welt und Deutschlands besonders schwer. Natürlich stellt sich die Frage, welche friedlichen Mittel habe ich überhaupt in der Außenpolitik, um diese Ansprüche zu realisieren. Auf der anderen Seite ist aber zu fragen, was ich aus egoistischen Gründen mit diesen Ländern – wie zum Beispiel mit China und vielen Diktaturen –, von denen ich doch weiß, daß sie die Menschenrechte mit Füßen treten, tue, nur um Vorteile für mein Land zu erhalten. Da gibt es eine ganze Bandbreite inkonsequenten Handelns. Ich halte es zum Beispiel für nicht mehr nachvollziehbar, daß Waffen in die Türkei geliefert werden. Ich halte es für nicht mehr nachvollziehbar, daß sich im Bereich des ehemaligen Jugoslawien die westliche Außenpolitik aufgegeben hat. Und ich halte es bei allem Verständnis nicht für nachvollziehbar, daß Jelzin bei seiner blutigen Tschetschenienpolitik nicht viel mehr unter Druck gesetzt wurde. Wie soll ich das jungen Menschen erklären und sie gleichzeitig motivieren, sich für die Menschenrechte zu engagieren? Kann so etwas glaubwürdig sein?

Die FDP behauptet, eine Partei der Bürgerrechte zu sein. Nur wird nicht klar, wo sich die FDP in Deutschland zum Sprecher von Bürgerrechten macht.

Die FDP fällt nicht als Sprecherin der Menschenrechte auf, weil sie nicht *die* Sprecherin der Menschenrechte ist. Sie leistet auf diesem Gebiet nicht mehr als die anderen Parteien. Diese leisten aber auch zuwenig. Ich verstehe auch nicht, warum sie das immer noch bestehende Reservoir an engagierten Liberalen nicht nutzt, um neue Impulse zu geben. Denn gerade in dieser kleinen liberalen Partei kann sich ein Individuum doch entfalten wie in sonst kaum einer anderen. Die Personaldebatte dort muß endlich wieder zu einer Inhaltsdiskussion werden. Ich jedenfalls wünsche mir nicht, daß die FDP aus der Parteienlandschaft verschwindet.

Wo und in welchen Bereichen liegen in Zukunft die Chancen der Sozialdemokraten für Deutschland und Europa?

Ich halte die sozialdemokratische Partei für ausgesprochen wichtig. Umso beunruhigter beobachte ich die Krise der SPD, die natürlich auf der Realität einer veränderten Gesellschaft beruht, in der die klassischen Themen der Sozialdemokratie nicht mehr so deutlich umzusetzen sind wie noch vor Jahren. Die klassische Arbeiterschaft existiert nicht mehr. Selbst der heutige Fabrikarbeiter bzw. der im produzierenden Bereich tätige Arbeiter hat ein anderes Selbstverständnis als vor hundert Jahren. Arbeiter als »underdog«, das ist nicht mehr das Lebensgefühl der Arbeiterschaft im heutigen Deutschland. Gerhard Schröder hat das verstanden. Der Großteil der Fabrikarbeiter zum Beispiel der autoproduzierenden oder chemischen Industrie hat eine andere Lebensrealität. Außerdem haben die originären Felder der Sozialdemokraten – eine moderne Gesellschaft und eine Politik, die sich am Ausgleich zwischen den sozialen Gruppen orientiert, die Partei, die der jeweiligen Jugend zuhört – erstmals in der Geschichte der Sozialdemokratie nach 1945 eine Konkurrenz von links bekommen, die heißt Die Grünen, und die

139

erscheinen in vielen Bereichen glaubwürdiger, kreativer und mutiger als die Sozialdemokratie. Ich sage bewußt »erscheinen«, weil ich noch nicht überzeugt bin, daß dies bei den Grünen wirklich langfristig verankert ist. Ob der Wandel bei den Grünen in den vergangenen Jahren die letzte Häutung war, ist noch nicht klar. Die große Glaubwürdigkeitskrise der Grünen wird entstehen, wenn jetzige Realopäpste wie Joschka Fischer, Rupert von Plottnitz oder Antje Vollmer von der nächsten und übernächsten Generation grüner Politiker und Politikerinnen ersetzt werden. Erst dann wird sich zeigen, ob die Grünen wirklich eine Partei geworden sind, die langfristig das politische Leben Deutschlands mitprägen wird. Dazu werden die Grünen in den wichtigen Politikfeldern Außen-, Verteidigungs- und Sicherheitspolitik, aber auch Wirtschaftspolitik, noch deutlicheres Profil entwickeln müssen. Daß sie sich da momentan noch raushalten, hilft ihnen noch, nicht ins reale Leben eintreten zu müssen. Aber wenn sie da noch lange so schwammig bleiben, dann fehlt es ihnen insgesamt an Kompetenz und Glaubwürdigkeit. Doch da ist, auch im Verhältnis der Sozialdemokratie zu den Grünen, sicher noch nicht das letzte Wort gesprochen. Daneben nagt auch die PDS – vor allem in den neuen Ländern – am Profil der SPD. Ein weiterer Punkt der Krise in der SPD ist das Personal. Auch hier sind die charismatischen Führungspersönlichkeiten nicht sehr deutlich zu sehen. Es ist eben keine inhaltliche Kontroverse, wenn sich einige profilierte Köpfe der Partei mit persönlichen Angriffen auseinandersetzen, sondern es ist der Ausdruck eines Mangels an inhaltlicher Debatte. Und es langweilt das Publikum mittlerweile, wenn Schröder, Lafontaine oder Scharping sich permanent widersprüchlich anmachen. Das Publikum erwartet nicht Einheitlichkeit, aber es erwartet, wenn es denn Dissens in einer Partei gibt, das Ringen um Konsens im Inhaltlichen – und dann auch die Disziplin, diese Linie zu verfolgen. Das ist in der Sozialdemokratie kaum zu spüren. Wenn die Partei nicht bald beginnt, eine Grundsatzdebatte um die Reformierung zu führen, wird sie kurz- und mittelfristig in vielen Bereichen immer mehr an die Grünen abgeben.

140

Gibt es nicht dennoch in der Union Leute, die die Sozialdemo-
kraten darum beneiden, daß jedenfalls der Generationswechsel
vollzogen ist?

Auf der Ebene der Länder ist bei der CDU der Generationswechsel noch deutlicher. In der Länder-CDU sind alle Fraktionsführer
im Durchschnitt zehn bis fünfzehn Jahre jünger als die entsprechenden Ministerpräsidenten der SPD dieser Länder. Auf Bundesebene ist allerdings eine Generationendiskrepanz zwischen dem
Vorsitzenden der SPD und dem Vorsitzenden der CDU festzustellen. Das hat aber damit zu tun, daß dieser Vorsitzende seit dreizehn
Jahren Bundeskanzler der Republik ist und deswegen auch den
Parteivorsitz einnimmt.

Entfällt nicht seit einigen Jahren der bis in die 80er Jahre erkenn-
bare Wettbewerb zwischen den beiden großen Volksparteien, weil
die Themen und Fragen, vor denen beide Parteien stehen, von einer
Qualität sind, die fast dieselben Antworten notwendig machen?

Die großen Parteien, die nicht Ausschnitt- und Nischenparteien
sind, werden immer wieder mit dem Anspruch konfrontiert, breite
Konsenslösungen zu schaffen. Sie kommen deswegen zu ähnlich
wirkenden Modellen, die sich nur in Einzelheiten unterscheiden.
Dieses Problem stellt sich für beide großen Parteien, die ja zusätzlich gezwungen sind, für einen Ausgleich innerhalb ihrer Partei-
strömungen zu sorgen, weil der Begriff der Mitte für sie zentral ist.
»Linke« und »Konservative« landen damit immer mehr an der
Schnittstelle, wo die Mitten sich berühren. Politik ist nach meinem
Selbstverständnis aber immer die Formulierung von Zielen, philo-
sophisch oder literarisch würde man sagen: von Träumen und Vi-
sionen. Beide großen Parteien haben diesen Anspruch vergessen.
Wofür stehen die SPD oder die CDU in der Grundkonzeption, in
der Vision? Welche Gesellschaft will die eine und/oder die andere
Partei? Vielleicht stellt sich heraus, daß beide großen Parteien ein
sehr ähnliches Ziel haben. Dann sollen sie zusammenarbeiten! Die
Tagespolitik, die heute weitaus mehr Kraft und Energie von den
Handelnden verlangt als noch vor dreißig oder vierzig Jahren, darf
aber nicht dazu führen, daß Politik sich insgesamt auf Verwalten

und kurzatmiges Agieren reduziert, sondern sie muß, parallel dazu, immer wieder die eigene Vision debattieren. Übrigens eine Aufgabe, die ich nicht allein der Politik zuordne, sondern auch den Intellektuellen in diesem Land.

Wie stellst du dir die Zukunft der CDU vor?

Ich wünsche mir, daß die CDU *die* moderne Reformpartei für die Zeit nach der Jahrtausendwende wird. Innerparteilich bedeutet das, daß sie bereit sein muß, Parteireformen durchzuführen. Ich halte Mitgliederbefragungen zu bestimmten Themen, vor allem zu personalpolitischen Entscheidungen innerhalb der Partei, für geboten. Die Partei sind die Mitglieder, nicht die Funktionäre. Ich wünsche mir den Mut, auch noch nicht eingeschriebene Parteimitglieder als Ratgeber zu integrieren. Und die offensive Integration wahlberechtigter Ausländer innerhalb der Partei und in Funktionen, die die Partei zu vergeben hat, aktives und passives Wahlrecht, müssen selbstverständlich sein. Daneben wünsche ich mir, daß die CDU den Gedanken der Urwahl auch für die Wahl des Bundespräsidenten durchdenkt. Ich bin der Meinung, daß der Bundespräsident direkt vom Volk gewählt werden sollte, da er bewußt aus dem klassischen parteipolitischen Diskurs herausgehoben ist. Dagegen sollte das Parlament, das das Volk politisch vertritt, weiterhin die Bundesregierung wählen. Die Themen der Zukunft sind Arbeit, Umwelt, Frieden, freie Zeit, neue Technologien, multimediale Gesellschaft, globales Denken – und Lösungskonzepte, die dieses Denken wiedergeben. Diese vor allem mit und für die Jugend zu diskutieren und Programme zu entwickeln – das ist die Herausforderung.

VII

»1995« und die Zukunft

Ist Deutschland ein langweiliges Vaterland? Warum die Ängstlich-keit hierzulande?

Eine nicht verarbeitete Vergangenheit führt zu einer unfreien Zukunft, nicht nur individuell, sondern vor allem auch politisch. In den Familien gab es nach 1945 unter den Erwachsenen zu viel Verschweigen, zu viel Unausgesprochenes gegenüber den Kindern. Aber darüber mit Kindern sprechen zu können, habe ich nie als unmöglich empfunden. Wenn man aber mit solchen schweren Hypotheken erzieht, indem man verdrängt und verschweigt, dann herrscht Angst, dann wachsen Mauern, dann fehlt der Mut für die Zukunft.

Ist diese Langeweile vielleicht auch ein Schutzwall, um sich nicht engagieren zu müssen? Gibt man sich in Deutschland intellektuell passiv und bleibt lieber zwischen den eigenen vier Wänden, weil man fürchtet, etwas Falsches zu sagen?

Dieses Land hat die ritualisierteste demokratische Kultur, die ich in Europa kenne. Wir haben ein sehr breites politisches Spielfeld, auf dem Meinungsvielfalt und Toleranz herrschen. Aber wir legen zu wenig Toleranz gegenüber Meinungen an den Tag, die außerhalb dieses Spielfeldes liegen. Wir sind meinungsfaul und meinungsuniform. Sobald grundsätzliche neue Gedanken gefaßt oder Besitz-stände angetastet werden und damit dieses Spielfeld ausgeweitet wird, kommt es zu einem ritualisierten Aufschrei. Dadurch fühlen sich erneut diejenigen, die diese Gedanken äußern, gefährdet. Das führt zu einem funktionierenden, aber bürokratisch organisierten Demokratieritual, das seelenlos geworden ist. Das bedeutet lang-fristig eine Gefahr für dieses System.

Wo ist eine Position, eine Theorie oder ein Gedanke, der neu auf-
getaucht ist, sanktioniert und diskriminiert worden, weil er den
Spielfeldrand überschritten hat?

Wenn führende Politiker den Vorschlag gemacht hätten, die 45-
Stunden-Woche ohne Lohnausgleich wieder einzuführen, damit
wir konkurrenzfähig bleiben, weil dies Arbeits- und Sozialpolitik
für die Zukunft bedeutet, dann hätte es einen solchen ritualisierten
Aufschrei gegeben – wohlgemerkt die 45-Stunden-Woche bei nur
noch vierzehn Tagen Urlaub, was für die meisten asiatischen Länder immer noch ein Traumziel wäre! Wenn wir aber nicht anfangen,
so etwas wenigstens zu denken und sachlich diskutieren zu dürfen,
dann werden wir zwar nur 35 Stunden in der Woche arbeiten – aber
immer weniger werden es tun, und die Arbeitslosigkeit wird stei-
gen. Wie lange wollen wir noch unsere Augen vor der Tatsache
verschließen, daß wir uns in einer neuen revolutionären Wirt-
schaftsphase befinden, nämlich der von Hochtechnologie, Gen-
technologie, Informationstechnologie und globaler Kommunikation. Mit Personalcomputern, Faxgeräten, Datenautobahnen
und Internet wird gerade eine Gesellschaft wie die unsere, die sich
vorwiegend auf dem Dienstleitungssektor bewegt, völlig neue
Konzepte im Arbeitsplatz- und Organisationsbereich kennenlernen. Die Arbeitswelt wird ganz neu erlebt und organisiert werden.
Die klassischen Büros des Dienstleistungsgewerbes werden so nicht
mehr existieren, weil viele Arbeitnehmer zu Hause arbeiten können werden. Innenstadtbüros, zu teuer geworden, werden nur
noch minimal besetzt sein. Zu Hause auch qualifizierte Arbeit leisten zu können, wird die Beziehung zwischen Beruf und Freizeit
umwälzen. Mit Sicherheit wird dies auch für Frauen eine bessere
Voraussetzung schaffen, qualifizierte Arbeit zu übernehmen. Neue
Berufe werden entstehen. Gleichzeitig verstärkt diese Entwicklung
die Gefahr der Anonymisierung im Arbeitsprozeß. Viele Arbeit-
nehmerschutzrechte werden auf diese Entwicklung nicht mehr an-
wendbar sein. Dies vorzeitig, mindestens aber rechtzeitig zu diskutieren, aktiv und nicht angstbesetzt, wird entscheidend dafür sein,
ob der Wirtschaftsstandort Deutschland sich weiter entwickelt.
Auch die Drogendebatte führt in ritualisierter Weise zu sofortiger
persönlicher Diffamierung vieler Beteiligten, obwohl dies ein

wichtiges gesellschaftliches und jugendpolitisches Thema ist. Über 3,5 Millionen drogenabhängige Alkoholiker und Tabelettensüchtige, Heroin- und Kokainsüchtige in Zehntausenden – das ist menschlich und volkswirtschaftlich ein brennendes Thema. Wie nervös und diskussionsfeindlich reagiert wird, wenn es sich um die Legalisierung anderer Drogen handelt, zeigt die gegenwärtige Diskussion um Cannabis. Auch in der Kulturpolitik, wo staatliche Institutionen ihre Subventionen drosseln und die Kulturbürokratie immer noch viel zu viel Geld verbraucht, kann kaum entspannt über neue, auch privatrechtlich organisierte Formen von Kulturvermittlung gesprochen werden. Nicht jeder Denkansatz bedeutet ja, daß aus dieser These unmittelbar reale Politik werden muß, sondern es bedeutet nur, aus unkonventionellen, bisher nicht ausreichend gewürdigten Vorschlägen Lösungsansätze zu entwickeln. Immer wird verlangt, daß alle aus der gleichen Richtung zum Kompromiß kommen. So entstehen aber letztlich keine Kompromisse, sondern nur die Perpetuierung von Fehlern.

Muß nicht auch die Qualität der Arbeit wieder mehr in den Mittelpunkt rücken? Und was passiert mit der vielen freien Zeit?

Das Thema Arbeit empfindet die junge Generation ganz anders als die über 40jährigen, die zu Recht dafür gekämpft haben, daß die Arbeitszeit reduziert wird. Aber die Menschen haben nicht viel von noch mehr Urlaub, wenn sie kein Geld für diesen Urlaub haben oder wenn sie in ihren Städten keine Freizeitangebote finden. Der Wert von Freizeit muß neu besetzt werden, nämlich: Was mache ich mit dieser Freizeit? Was wird mir angeboten? Ich glaube übrigens, daß auch in unserer Verkehrspolitik eine solche Situation eingetreten ist. Es gäbe eine weitaus höhere Bereitschaft, auf den Individualverkehr zu verzichten, wenn nur der öffentliche Nahverkehr in seiner Qualität mit dem, auf das verzichtet werden muß, also dem Auto, mithalten könnte. Es ist doch eine gewaltige Vision, den Individualverkehr aus den Städten auszuschließen! Das kann ich aber nur realisieren, wenn ich den Leuten dasjenige anbiete, was sie subjektiv schon erleben, nämlich die jederzeitige Möglichkeit von Ort A nach Ort B zu gelangen – und das mit einem Gefühl vollständiger Sicherheit. Wenn ich dies nicht biete, dann darf ich mich nicht wundern, daß Verkehrskonzepte nicht angenommen werden. Aber ich bin überzeugt davon, daß heute, anders als noch vor zwanzig Jahren, sehr viele Menschen auf ihr Auto verzichten würden, wenn es in dieser Weise kompensiert würde. Deswegen plädiere ich für hohe Investitionen in den öffentlichen Nahverkehr, bis hin zu öffentlichen PKW-Angeboten, die im 10-Minuten-Takt permanent durch die Stadt fahren. Das ist immer noch billiger, als die langfristigen Kosten und die Umweltbelastung, die uns der bisher übliche Verkehr aufbürdet. So etwas geht aber nicht mit einem Busverkehr, der die Punkte A und B nicht regelmäßig besetzt. Es gibt ja heute Busse, die fahren nur noch im 20-Minuten-Takt, teilweise im 30-Minuten-Takt, und nach Mitternacht kommen sie überhaupt nicht mehr. Da wundere ich mich doch nicht, daß ich, trotz Stau, immer noch wie aus einem Pawlowschen Reflex heraus Auto fahre. Es gibt also manche Felder, auf denen das Bewußtsein der jungen Generation in Deutschland, auch ihr Wissen, weiter ist als vor zwanzig Jahren, auch weiter als Politiker und ihre entsprechenden Lösungskonzepte.

Was ist eigentlich Heimat? Ist das ein geographischer Begriff, ist das was fürs Gemüt, ein anderer Ausdruck für Volksliedmentalität? Ist der Begriff Heimat diskreditiert durch die Nazizeit?

Heimat und Nation können verschiedene Bedeutungen haben. Meine Heimat oder mein Zuhause ist dort, wo meine Freunde sind, wo die Menschen sind, die ich kenne, die ich mag, die ich liebe, wo ich mich auskenne. Aber ich habe auch Freunde außerhalb der Straße, in der ich wohne, außerhalb der Stadt, in der ich lebe, außerhalb Deutschlands. Zu Hause zu sein hat darüber hinaus für mich viel mit Sprache zu tun, sich ausdrücken zu können, sich verstehen zu können. Es handelt sich eigentlich um eine individuelle persönliche Empfindung. Die Politik neigt dazu, diese in ein Wirgefühl umzudeuten, und meist geschieht dann deswegen ein Unglück. Ich habe also überhaupt kein Problem damit, wenn jemand sagt: Hier bin ich zu Hause. Das ist eine subjektive Wahrnehmung, die zu tun hat mit Nähe von Menschen, von Geschäften, in denen man einkauft, mit Wiedererkennen, mit ganz alltäglichen Dingen.

Das ist allerdings nicht das, was ich unter dem Begriff Heimat verstehe. Bestreitest du denn die Existenz dieses Zusammengehörigkeitsgefühls qua Heimat, eine Bodenständigkeit, die sich zum Beispiel auf Westfalen beziehen kann oder auf Thüringen?

Ich würde mir wünschen, daß wir Begriffe wie Bodenständigkeit nicht in die Zukunft transportieren. Nicht nur wegen des Problems der geistigen Verengung. Wenn ich die wirtschaftlichen Herausforderungen betrachte, vor denen wir stehen, dann muß man den Menschen doch deutlich sagen, daß wir eine Globalisierung erstreben. Eine Gefahr für den Wirtschaftsstandort Deutschland ist die fehlende räumliche Mobilität, die für Amerikaner überhaupt keine Frage ist: man geht dahin, wo man einen Job hat. Bodenständigkeit führt dazu, daß Menschen lieber arbeitslos bleiben, solange die minimale soziale Versorgung gesichert ist, als die Koffer zu packen, einen Job an einem anderen Ort anzunehmen und sich einer neuen Herausforderung zu stellen. Wenn wir uns von solchen Gedanken nicht lösen, wird es auch nie ein vereinigtes Europa geben.

Wenn diese Arbeitnehmerwanderung innerhalb Europas Realität würde: Führt dies nicht noch schneller zu der von vielen befürchteten multikulturellen Gesellschaft?

Angst vor einer multikulturellen Gesellschaft, vor einer Vielfalt der Kulturen? Wenn ich Angst habe, dann sicherlich nicht vor Vielfalt, sondern eher vor Einfalt. Es ist gut, daß junge Menschen unter dem Einfluß vieler Kulturen und Lebensformen aufwachsen können. Zu Beginn des dritten Jahrtausends ist es allerhöchste Zeit, daß wir gerade in Europa aktiv den engen Nationalgedanken aufbrechen, die geistigen Grenzen aufheben, die emotionalen Schranken überwinden. Demokratische Staatsgemeinschaften sind freiwillige Zusammenschlüsse von Menschen. Deswegen wird es auch allerhöchste Zeit, daß wir im Grundgesetz die Staatsbürgerschaft nicht mehr vom Blutsrecht, sondern vom Geburtsrecht herleiten. Das bisherige Blutsrecht drückt immer noch aus, daß selbst derjenige ein Deutscher ist, der ein Nachkomme eines vor drei Generationen ausgewanderten Deutschen ist. Aber ein Kind, das in Deutschland geboren wird und dessen Großeltern in den 50er Jahren nach Deutschland gekommen sind, erlangt nicht automatisch die deutsche Staatsbürgerschaft, weil seine Eltern nach wie vor zum Beispiel Italiener geblieben sind. Dieser Umstand ist mit einer modernen Gesellschaft nicht vereinbar.

Außerdem wünsche ich mir ein vereinfachteres Einbürgerungsgesetz. Deutschlands Umgang mit Ausländern muß eine Offensive des Vertrauens, nicht des Mißtrauens sein. Deswegen bejahe ich uneingeschränkt das kommunale Wahlrecht für alle Europäer. Damit meine ich ausdrücklich das aktive wie auch das passive Wahlrecht. Darüber hinaus möchte ich, daß wir auch den Ausländern, die nicht aus Europa kommen und länger als fünf Jahre ununterbrochen an einem Ort wohnen, das kommunale Wahlrecht zubilligen, wie dies bereits in Frankreich der Fall ist.

Sind solche Vorstellungen mit Begriffen wie Vaterland und Patriotismus in Übereinstimmung zu bringen?

Mich bewegen andere Begriffe: Freiheit, Frieden, Menschenrechte, individuelle Würde, Toleranz und Großzügigkeit. Ich finde es großartig, in einer Zeit zu leben, in der Frieden und Freiheit eine Realität sind. Das ist keine Selbstverständlichkeit, sondern ein Privileg, eine große Errungenschaft, für die man jeden Tag arbeiten, sich engagieren und Verantwortung übernehmen muß. Freiheit bewahren heißt Verantwortung anzunehmen. Alle Menschen sind gleich – also behandeln wir uns doch auch nach diesem Grundsatz, gestalten wir Politik danach, auch für Menschen, die unter uns und mit uns leben und keinen deutschen Paß haben. Wenn wir auf der Grundlage dieser Werte ein Wirgefühl erreichen, kann ich auch damit umgehen, daß darüber die Worthülse Nation gestülpt wird. Einer solchen Nation würde ich gerne angehören.

Du klingst wie ein Firmenchef, der gegenüber seinen leitenden Angestellten die »Corporate identity« noch einmal nachdrücklich demonstriert. Nun ist Deutschland aber keine Firma, sondern eine Gesellschaft von fast 80 Millionen Menschen. Ist es überhaupt möglich, durch die Muliplikatoren, die öffentliche und die veröffent-

148

lichte Meinung, auch durch die Regierung, ein solches neues Bewußtsein bei den Bürgern zu schaffen?

Wenn die Multiplikatoren, die Vorbilder – darunter verstehe ich auch Lehrer, Pädagogen, Journalisten – diese Gedanken aktiv im Leben zu gestalten versuchen – warum soll es dann nicht gehen? Die Verfassung, die das Individuum und den Respekt vor dem Menschen als höchstes Gut definiert hat, führt uns doch genau zu diesem Anspruch! Warum sollten sich für so eine Konzeption nicht Energien, Faszination und Lust mobilisieren lassen? Warum sollten Menschen nicht in der Lage sein, Integration statt Ausgrenzung zu leben? Warum sollte es nicht eine Gesellschaft geben, in der Menschlichkeit statt Unmenschlichkeit, soziale Gerechtigkeit statt Armut, Miteinander statt Gegeneinander, Vielfalt statt Einfalt herrschen? Ich bin kein Prediger und mir deshalb bewußt, daß man für alle diese Entwicklungen entsprechende politische Entscheidungs- und Handlungsprozesse braucht. Jede junge Generation hat neu die Chance, dies zu realisieren. Die ältere Generation sollte sie dazu nicht ent-, sondern ermutigen.

Es gab 1955 den zehnten Jahrestag des Kriegsendes, 1965 den zwanzigsten, ich selbst erinnere mich bereits an den dreißigsten sehr genau, auch natürlich an den vierzigsten mit der Rede Weizsäckers. Du warst bei allen zentralen Veranstaltungen in diesem Jahr »1995« anwesend oder involviert. Wie schätzt du den Ablauf der Rituale in diesem Jahr bislang ein?

Bundespräsident Roman Herzog hat in seiner Rede in Bergen-Belsen auf eine wichtige Herausforderung für die Zukunft aufmerksam gemacht. Unabhängig davon, wie man die Form des Gedenkens bewertet, war bis zum gegenwärtigen Jahrestag immer gewährleistet, daß die unmittelbar Beteiligten unter uns waren – mit allen Facetten von Verdrängung oder Bekenntnis, bis hin zu den Opfern, die wahrhaftige Zeugnisse und authentische Berichte einbringen konnten und damit alle bereichert haben. Alle Redner waren in dieser oder jener Weise Menschen, die die Nazizeit noch selbst erlebt haben: Roman Herzog, Ignatz Bubis, Chaim Herzog und andere Zeitzeugen. Das wird schon bald, auf jeden Fall im sechzigsten Gedenkjahr, nicht mehr der Fall sein können. Das führt zu der Frage, welche Formen und Inhalte diese Thematik in der Zukunft noch vermitteln können. Nun bestehen Erinnerungsarbeit und Geschichtsaufarbeitung nicht nur oder gar vorwiegend aus diesen ritualisierten Gedenktagen. Deswegen ist die grundsätzliche Frage: Wie können wir die geschichtliche Erfahrung, gerade auch der Zeit von 1933 bis 1945, für die Menschen weitertragen? Hier stehen wir erst am Anfang. Es gibt eine Vielzahl von Mosaiksteinchen im Bild des Erinnerns. Keines steht für sich allein. Es war psychologisch nachvollziehbar, daß die Generation, die Krieg und Holocaust gelebt hat, in eigener Person Schwierigkeiten hatte, wahrhaftige Erinnerungsarbeit nicht als Bedrohung für sich selbst zu erleben. Es ist nachvollziehbar, daß jeder Vater oder Onkel, jede Tante und Mutter Schwierigkeiten hatte, dieses Thema mit Kindern und Enkelkindern wahrhaftig zu diskutieren, aus Angst, in der Bewertung durch die eigenen Kinder unterzugehen. Diese Bedrohung, die die Eltern empfunden haben, wurde dann zu einer projezierten Empfindung vieler Kinder, die ihrerseits eine ganz bestimmte Grenze im Fragen und Hinterfragen nicht überschreiten wollten. Heute befinden wir uns in der dritten Generation, für die diese unmittelbare Bedrohung zwischen Eltern und Kindern nicht mehr besteht. Trotzdem wird die Nachkriegsgeneration durch die eigenen Kinder daran erinnert, daß sie selbst, im Nachbohren bei ihren Eltern, die definierten Grenzen nicht überschritten hat, obwohl sie sie nach ihrem eigenen Selbstverständnis hätten überschreiten müssen. Deswegen sind die Fragen der dritten Generation für sie wiederum Bedrohung, nämlich in bezug auf ihre eigene Inkonsequenz, sich auf die Vergangenheit der vorherigen Generation einzulassen. Dieser Prozeß setzt sich zwar fort, wird aber ständig schwächer. Die Bedrohung des Versagens vor Fragen nimmt ab. Darin sehe ich letztlich auch die große Chance, daß hoffentlich die Beschäftigung mit Geschichte zukünftig leichter sein wird.

Hattest du in diesem fünfzigsten Gedenkjahr den Eindruck, daß sich die Aufarbeitung in eine andere Richtung entwickelt hat, als beispielsweise noch vor zehn Jahren?

Anders als vor zehn Jahren gibt es erstmals in Deutschland eine

Enthemmung derjenigen, die Geschichte umschreiben, relativieren oder sogar negieren wollen. Nicht die Gedankengänge sind neu, auch nicht die handelnden Personen, aber ihre Enthemmtheit und Un-Verschämtheit. Zudem gibt es aber seit einigen Jahren in der jüngsten Generation eine Gruppe aktiver junger Menschen, die sich der Geschichte mit weniger Angst nähert als die vorigen Generationen und daraus die Kraft schöpfen, Geschichte anzunehmen und moralische Konsequenzen und Handlungsforderungen daraus abzuleiten. Schließlich gibt es, wie immer, die große schweigende Mehrheit. Aber auch in der Sprache hat sich vieles verändert. Noch vor zehn Jahren sprachen die meisten politischen Führungspersonen von »Taten in deutschem Namen«, heute sprechen weitaus mehr, zum Beispiel auch der Bundespräsident, richtigerweise von »Taten, die Deutsche begangen haben«. In diesem Fall ist Sprache schon Ausdruck von Bewußtsein. »Im deutschen Namen« oder »die Nazis« war noch abstrakter. Wer waren die Nazis? Keine Deutschen? Was dann? Hier ist ein Fortschritt festzustellen.

Gehört zu den Erfahrungen des Jahres 1995 auch die Enttabuisierung der Rolle der Wehrmacht im Zweiten Weltkrieg, einer Rolle, die bislang von der ersten und zweiten Generation mit übergroßer Schonung behandelt worden ist? Nun nimmt auch die deutsche Geschichtswissenschaft an dieser Diskussion teil, während bislang eher versteckt wurde, weil man die Legende nicht zerstören wollte...

Zwischen 1945 und mindestens 1965 arbeiteten in allen gesellschaftlich relevanten Berufsgruppen vorwiegend Menschen, auch in hohen Funktionen, die wesentliche Teile ihrer beruflichen Lebensgeschichte bereits in der Kriegs- und Vorkriegszeit verbracht hatten. Extreme Beispiele sind das Beamtentum der öffentlichen Hand und die Justiz. Die mußten sich selbst schützen, um nicht als Nazis oder Nazigehilfen entlarvt zu werden. Da sie wegen ihrer Berufe übernommen worden waren, saßen sie genau an den Stellen, wo sie sich schützen konnten und wollten und haben sich auf diese Weise gegenseitig individuelle und kollektive berufliche Legenden geschaffen. Wer sollte dies aufbrechen? Erst ab 1965 traten dann auch Menschen in führende Positionen, die im oder nach dem

Krieg geboren wurden. Die haben dann zwar privat und beruflich an der versiegelten Tür gekratzt, aber oft noch darauf geachtet, sich dabei die Fingernägel nicht zu brechen. Heute sitzen endlich in allen diesen Berufsgruppen, auch beim Militär und in der Wissenschaft, Absolventen, die, wenn sie an der Tür kratzen, nicht mehr die Angst haben müssen, daß sie dabei ihre Nägel ruinieren oder man ihnen die Hand bricht. Das hat zwei Konsequenzen: Die einen wollen jetzt für ihre Generation endgültig Abschied nehmen von jeder Beschäftigung mit dem Thema und benötigen dafür rechtsrevisionistische Wissenschaftspäpste. Die anderen sagen: Ich empfinde dies als ganz große Chance für mich und die nächste Generation. Daraus entstehen dann entweder konstruktive und wichtige Zukunftskonzeptionen oder rückwärtsgerichtete bedrohliche Realitäten, wie die der Zitelmänner, der Noltes, der Fleissners und anderer. Es hängt jetzt davon ab, wie sich die vielen Gesichtslosen erklären und wohin sie tendieren. Ich hoffe, daß sie ganz egoistisch begreifen, daß Frieden, Freiheit und Menschenrechte auch für sie der beste Weg in die Zukunft sind.

Sind die Rechtsrevisionisten eine Gefahr für die Demokratie?

Rechtsrevisionisten und -intellektuelle sind eine weitaus größere Gefahr als rechtsextreme Parteien, weil sie – unter einem bürgerlichen Deckmäntelchen und mit einer hohen gesellschaftlichen Akzeptanz – eine weitaus tiefere und langfristigere Wirkung haben als laut schreiende, um sich schlagende und dümmlich argumentierende Gruppierungen. Vor allem haben sie eine mittelbare Multiplikationsfähigkeit, die rechtsradikale Parteien, Skins und Schlägerbanden nicht haben. Sie sind teilweise Ausbilder von Lehrern und damit neuer Generationen, sie sind publizistisch teils in Zeitungen tätig, die auf den ersten Blick unverdächtig wirken. Sie bewegen sich schleichender, und die Menschen spüren nicht sofort, worin die Manipulation besteht. Deswegen muß es in den nächsten Jahren eine erhöhte Aufmerksamkeit und Auseinandersetzungsbereitschaft mit diesen bürgerlich getarnten Rechtsrevisionisten geben. Es darf nicht salonfähig werden, zu einem ähnlichen Ergebnis wie Rechtsradikale zu kommen, nur weil die Form und die Argumentation unverdächtiger wirken. Um in den Kreis der demokratischen Diskussion aufgenommen zu werden, reicht es auch nicht, das Geschehen von Auschwitz abzulehnen. Der National-sozialismus ist nicht alleine deswegen verachtungswürdig, weil er die Rassentheorie mörderisch in Konzentrationslagern umgesetzt hat, sondern weil er überhaupt eine Rassentheorie betrieben hat und weil er eine Diktatur war, ein aggressiv-nationalistischer Staat. Jede Nostalgie dieser Staatsform führt zu gefährlichen und gewalt-tätigen Gedanken.

Gewalt und Terror von rechts…

Gerade auch über die Nachrichten neuer ausländerfeindlicher Gewalttaten in Deutschland schienen wir alle so erschrocken. Doch dies ist der Beweis einer doppelten Verdrängung. Wir haben schon vor zehn oder fünfzehn Jahren Debatten darüber geführt, daß die Gewalt in unserer Gesellschaft, verglichen mit früheren Jahrzehnten, eine schleichende Verharmlosung erfährt. Damit meine ich verbale wie körperliche Gewalt. Wir erleben nun er-schüttert, daß, wenn dies durch geistige Brandstifter auch noch politisch genutzt wird, in unserer Gesellschaft ein enormes Ge-waltpotential vorhanden ist. Dies ist aber keineswegs über Nacht aufgekommen. Alltagsgewalt haben wir schon lange. Das beginnt für mich beim lauten miteinander Reden, der aggressiven Ausein-andersetzung im Arbeitsleben. Oder die Einführung des Begriffs vom sogenannten Bagatelldiebstahl: Welch ein Begriff! Ist Baga-telldiebstahl nicht ernstzunehmen? Da wundern wir uns dann, wenn sich die moralischen Kategorien verändern! Die Beziehung zu Gewalt und Aggression haben sich vor unser aller Augen ver-ändert. Eine Neuorientierung in diesen Fragen ist deshalb über-fällig. Rechte Gewalt und Terrorismus machen auch nicht mehr vor Ländergrenzen halt. Die Vernetzung der europäischen Rech-ten ist weitergediehen, als wir uns dies eingestehen. Sie verwendet modernste Technologie wie Computer, Videos und die Kommuni-kation im Internet, sie ist im europäischen Parlament politisch ver-ankert, sie führt überregional Terroraktivitäten durch, wie zum Beispiel mit Briefbomben aus Österreich, die in Deutschland ex-plodieren.

Sind dir von den vielen Veranstaltungen dieses Jahres bestimmte Dinge konkret im Gedächtnis geblieben?

Es gibt eine deutliche Grundstimmung, Versöhnlichkeit zu signalisieren und zu vermitteln, daß das Erinnern nicht geschieht, um ein schlechtes Gewissen wachzuhalten oder Schuldgefühle zu oktroyieren, sondern um jungen Menschen ein Stück Orientierung anzubieten. Nicht nur der polnische Außenminister hat in seiner Rede, sondern alle Beteiligten in dieser Zeit haben versucht, diese Botschaft zu vermitteln. Die Lehre seit 1945 heißt: Damit wir 1995 in Frieden und Freiheit gedenken konnten, und damit, was seit fünfzig Jahren aufgebaut wurde, nicht kaputtgeht, müssen wir uns auch den zwölf Jahren der Nazibarbarei stellen. Eine Zukunft kann es nur geben, wenn wir nicht vergessen werden! Ist es nicht großartig, daß wir uns fünfzig Jahre nach der Befreiung in Freiheit erinnern können? Daß wir feststellen können, daß Menschen, wenn sie ihre Kraft für Freiheit und Menschlichkeit einsetzen wollen, dieses auch erreichen können? Ja, es lohnt sich, für Freiheit, Frieden und Menschenwürde zu kämpfen, mit der nächsten Generation dafür zu arbeiten, daß dies in der Zukunft auch so bleibt. Und den jungen Menschen zu sagen: Jetzt seid auch ihr dran, die ihr heute und morgen lebt, dies alles fortzusetzen.

Heiner Geissler
Gefährlicher Sieg
Die Bundestagswahl 1994 und ihre Folgen

Leinen.

Steht Deutschland angesichts einer knappen Regierungs-
mehrheit und einer möglichen sozialdemokratischen Gegen-
regierung im Bundesrat vor einem politischen Umbruch?
Heiner Geißler, einer der brillantesten politischen Köpfe
Deutschlands, analysiert in diesem spannenden Buch offen
und rückhaltlos die politischen Konsequenzen und Gefahren des Machtpatts in Bonn.

Kiepenheuer & Witsch

Antje Vollmer
Heisser Frieden
Über Gewalt, Macht und das Geheimnis der Zivilisation

Leinen

Eine grundlegende Untersuchung über das Verhältnis von Zivilisation und Gewalt und der Entwurf eines politischen Handlungsmodells angesichts der Wiederkehr der Gewalt in Europa.

Themen u. a.:
Der Terrorismus und die Fähigkeit zum Dialog. Die Entspannungspolitik der SPD. Die neue Rolle der Intellektuellen. Mahatma Gandhi, Martin Luther King, Nelson Mandela und die Strategie der Gewaltfreiheit. Die Medien. Gibt es eine Gesellschaft ohne Religion? Polizei und Militär. Der Bürgerkrieg. Ein neues Bürgertum und die soziale Aufgabe der Citoyens.

Kiepenheuer & Witsch

JOSCHKA FISCHER
RISIKO DEUTSCHLAND
Krise und Zukunft der deutschen Politik

Gebunden

Mit seinem Buch *Risiko Deutschland* legt Joschka Fischer
eine Bestandsaufnahme deutscher Politik nach dem Ende
der deutschen und europäischen Teilung vor und fragt nach
den Ursachen der tiefen Krise, in die die deutsche Innen- und
Außenpolitik geraten ist. Dies gilt für den europäischen Inte-
grationsprozeß wie für das Verhältnis zu den osteuropäischen Staaten, für Deutschlands militärische Rolle wie für die
wirtschaftliche und ökologische Sackgasse, in der sich das
Land befindet. Und nicht zuletzt gilt es für die Krise der
westlichen Demokratie.
Mit Nachdruck und frei von politischen und ideologischen
Scheuklappen entwirft Joschka Fischer auf der Grundlage
dieser Analyse eine Alternative für die deutsche Politik am
Ende dieses Jahrhunderts, die in den Debatten des »historischen« Wahljahrs 1994 eine Rolle spielen wird.

KIEPENHEUER & WITSCH

ARNO LUSTIGER
ZUM KAMPF AUF LEBEN UND TOD!
Vom Widerstand der Juden 1933-1945

Leinen. Mit zahlreichen Abbildungen

Arno Lustiger entreißt ein wichtiges Stück Geschichte
der Vergessenheit: das Leben der jüdischen Widerstands-
kämpfer
1933-1945. Aus Gesprächen mit Überlebenden und vielen
unbekannten Dokumenten entsteht ein beeindruckendes
Kaleidoskop vielfältigster jüdischer Aktivitäten gegen die
Nazis.

KIEPENHEUER & WITSCH

PETER SICHROVSKY
WIR WISSEN NICHT WAS MORGEN WIRD,
WIR WISSEN WOHL WAS GESTERN WAR
Wir – junge Juden in Deutschland und Österreich

KiWi 72

Peter Sichrovsky, geboren 1947, hat dreizehn Gespräche geführt mit Jüdinnen und Juden, die heute in der Bundesrepublik Deutschland und in Österreich leben. Was hat diese Menschen bewogen, in dem Land zu bleiben, in dem ihre Familien verfolgt und vernichtet wurden? Die Protokolle sind erschütternd, sie offenbaren die Zerrissenheit, Sehnsüchte, Heimatlosigkeit und Ängste der Kinder der Überlebenden.

KiWi Paperbackreihe bei Kiepenheuer & Witsch